汚部屋がピカピカになると
世界が変わる！
業者の㊙家そうじ

ピカピカ代表取締役
入江慎也

主婦の友社

はじめまして。

この本を手にとっていただきましてありがとうございます。

株式会社ピカピカの代表のカラテカ入江と申します。

僕は、2019年6月まで23年間、

お笑い芸人をやっておりました。

現在はお笑い芸人を辞め、

2019年8月から清掃業をやらせていただいております。

思えば、清掃業を始めようと思ったきっかけは、

僕が芸能界を離れ、

これから先の人生をどう生きていくか考えたときに、

「手に職」をつけたいと思ったことがきっかけでした。

それはしばしの間、外に出ず、家にいたときのことです。

やることもなく、ただ時間が過ぎようとしていたある日、

思い立ったかのように部屋の清掃と断捨離をしました。

芸人時代に使っていた小道具などを捨てて、無心に掃除をし、きれいになった部屋を眺めていたら、なぜか気持ちがスッキリとしました。

一歩、前に踏み出せそうな感じさえしました。

手に職をつけられたら自信につながるんじゃないかと、どこかで確信しました。

翌日にはインターネットで求人を見て、清掃のアルバイトの面接に行き、作業着を手にした僕は、42歳でセカンドキャリアをスタートすることになったのです。

毎日現場に行き、仕事を覚えながら、驚きの連続でした。

洗剤ひとつで、汚れの落ち方がこんなに違うんだ、やり方ひとつで、落ちなかったはずの汚れが

落ちたりするんだ……!と。

それとともに、たくさんの人と触れあいながら、喜びを得ることができました。

清掃業をやってみて実感したのは、お笑いと同じで、お客さまが笑顔になって喜んでくれる仕事だということです。

きれいになったところを見ていただくと、みなさん自然と笑顔になってくれるのです。

お客さまの笑顔を見ると、清掃した僕たちもつられて笑顔になります。

たくさんの笑顔がうれしかった。

それは、芸人時代と変わらない感情でした。

清掃は絶対に世の中からなくならない仕事だと思いました。

そして2020年7月、

清掃会社「株式会社ピカピカ」を設立いたしました。

清掃は本当に尊く奥が深い世界だと思います。

ですが、どなたでも実践できることだと思います。

「どこからどうやって手をつければいいのか?」と
お悩みの方や困っている方に、
プロの技を体感していただき、
この本が少しでも役に立てば幸いです。

毎日をピカピカに
笑顔いっぱいで
日々を過ごしていただけますように。

入江慎也

Contents

▌ はじめに ………… 02

▌ 万能!!イリエツインがスゴイ!! ………… 08

▌ 汚れに合った洗剤選びがピカピカの近道 ………… 10

▌ この汚れにはこの洗剤! 早見表 ………… 11

▌ 掃除用洗剤はこれを用意しよう! ………… 12

▌ 掃除の道具はこれを用意しよう! ………… 14

▌ 掃除を安全に行うために ………… 17

PART 1　キッチンのギトギト汚れをピカピカに

キッチン掃除のダンドリ ………… 20

【レンジフード】 ………… 22

【ガスコンロ】 ………… 24

【IHクッキングヒーター】 ………… 26

【ゴムパッキン】 ………… 27

【電子レンジ】 ………… 28

【魚焼きグリル】 ………… 29

【冷蔵庫】 ………… 30

【排水口・シンク】 ………… 32

▌ Column　子ども部屋の掃除はどうする? ………… 34

PART 2　お風呂はココを押さえればカビ知らず!

お風呂掃除のダンドリ ………… 38

【排水口】 ………… 40

【天井】 ………… 42

【壁・床・風呂ふた】 ………… 43

【ドア】 ………… 44

【浴槽】 ………… 46

【シャンプー・おけ・風呂いす】 … 48

【換気扇】 ………… 49

【鏡】 ………… 50

【蛇口】 ………… 52

【シャワー】 ………… 53

【洗面台】 ………… 54

- Column　洗濯機の掃除にチャレンジ！ ……………………………… 55
- Column　ペットがいる部屋の掃除はどうする？ …………………… 56

PART 3　極上のトイレ掃除

トイレ掃除のダンドリ ……………60	【便器】 …………………………64
【換気扇】 …………………………62	【便器の外側・床】 ………………66
【便座・便器のふた】 ……………63	【手洗い器】 ………………………67

- Column　玄関掃除で家の印象は決まる！ ………………………… 68

PART 4　いまさら聞けないリビング掃除

リビング掃除のダンドリ …………72	【幅木】 ……………………………81
【フローリング】 …………………74	【照明】 ……………………………82
【じゅうたん・ラグ】 ……………76	【網戸】 ……………………………84
【テレビ・テレビ台】 ……………78	【窓ガラス・窓枠】 ………………86
【リモコン】 ………………………79	【窓サッシ・レール】 ……………88
【エアコン】 ………………………80	【ベランダ】 ………………………90

- Column　ピンチ！ 急な来客時の瞬発掃除テク
  （洗面所・トイレ・玄関・リビング） ……………………… 92

| おわりに ………………………………………………………………… 94

万能!! イリエツインがスゴイ!!

この本では便利な道具をたくさん紹介しているが、ぶっちゃけ全部買いそろえるのは大変。家にある身近なものだけで、目からウロコのゴッソリ落ちる掃除道具を開発した。両側使える「イリエツイン」! 今日から家掃除に役立てて。

ブラシ洗浄
汚れをかき出したり、ホコリやゴミ、髪の毛、カビ、ぬめりなどをからめ取る。

布洗浄
狭い隙間や溝の拭き取りが完璧! まるで指でかき出しているかのようなスッキリ感!

- 両側使えて掃除がはかどる!
- 細い溝、届かないところ、触りたくないところに手が届く!
- コストがかからない!
- 使い捨てできて清潔!

いらない歯ブラシはバシバシ使って汚れとともに、使い捨て!

用意するもの

輪ゴム
普通の輪ゴム

軍手
使い古しでOK。100均などで買っても

歯ブラシ
使い捨て歯ブラシや使い古したものでOK

ハサミ
普通のハサミ

> 作り方

特別な道具を買わなくても大丈夫！

❶ ブラシ部分を半分くらいカット

そのほうが汚れを逃さず落としてくれる。掃除したい場所によって、斜めにカットしたりしても◎。

❷ 軍手の指部分を切り取る

小指から使っていこう。片手で5本分つけ替えできる。

❸ 輪ゴムで装着する

歯ブラシの柄の部分に軍手の指をはめ、輪ゴムでしっかりくくる。

完成！！

軍手の残りはこんな使い道も！

ジャーン！

軍手は、親指から中指までを3本残すと、便利な万能雑巾にも変身！ゴム手袋をした上からはめてね。

両手で挟んで、網戸もピカピカ！

汚れに合わせて洗剤を選び、シュ！

見えないところも手探りで力いっぱい拭き取れる！

（あちこち使える！）

洗面ボウルの排水口の髪の毛もゴッソリ！

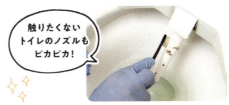
触りたくないトイレのノズルもピカピカ！

レンジフードの狭ーい隙間もラクラク拭けちゃう！

汚れに合った洗剤選びが ピカピカの近道

掃除しているのに汚れが落ちない……。
それは洗剤選びが間違っているのかも！

家庭の汚れは主に4種類！

生活しているとたまっていくさまざまな「汚れ」。ここでは大きく4種類に分けて、それぞれ効率よく落とす方法を紹介する。

❶ **「酸性」** の汚れ
キッチンの油汚れやリビングの手垢、皮脂汚れなど
→アルカリ性洗剤が有効

❷ **「アルカリ性」** の汚れ
水まわりの水垢、白い石けんカスやトイレの尿石など
→酸性洗剤が有効

❸ **「固形」** の汚れ
ホコリや髪の毛、砂、食べカスなど
→掃除機で吸い取ったり、ウエスで拭き取ったりするのが有効

❹ **特殊** な汚れ
カビやコンロの焦げなど
→カビは塩素系漂白剤で殺菌＆漂白。焦げはクレンザーや道具で落とす

汚れと素材を見極めて洗剤を選ぼう

家庭の汚れの多くは酸性とアルカリ性の汚れ。汚れと反対の性質の洗剤がよく落ちる、と覚えておこう。

「じゃあ、洗剤は酸性とアルカリ性だけあればいいの？」と思うかもしれない。しかし酸性洗剤やアルカリ性洗剤は汚れ落ち効果が高い半面、手肌や、建材などの素材へのダメージも大きい。素材が傷むと変色したり、汚れがつきやすくなってしまったりすることも。

そこで弱酸性、弱アルカリ性、中性洗剤の出番となる。合成洗剤の場合、界面活性剤など汚れを落とすさまざまな成分が入っているので、軽度の汚れならこれらでも十分に落ちる。「汚れの種類」「汚れの程度」「掃除する場所の素材」。この3つを見極めて適切な洗剤を選ぶのが、掃除の極意なのだ。

10

この汚れにはこの洗剤！早見表

- ○水垢
- ○白っぽい石けんカス
- ○尿石・尿汚れ

- ○軽い油汚れ
- ○軽い手垢や皮脂汚れ
- ○軽い尿汚れ
- ○食べ物の汁
- ○ピンクぬめり

- ○油汚れ
- ○手垢や皮脂汚れ
- ○黒っぽい石鹸カス(酸性石鹸)
- ○カビ

酸性
アルカリ性の汚れに対して洗浄力が強い

弱酸性
アルカリ性の汚れを落としつつ、手肌や素材にも比較的やさしい

中性
手肌や素材を傷めない。軽い汚れ向けだが、配合成分によって洗浄力を高めている洗剤も

弱アルカリ性
酸性の汚れを落としつつ、手肌や素材にも比較的やさしい

アルカリ性
酸性の汚れに対して洗浄力が強い

<例>
- サンポール
- 茂木和哉 トイレ尿石落としジェル
- ウルトラハードクリーナー ウロコ・水アカ用
- 技職人魂 風呂職人
- クエン酸

<例>
- トイレクイックル
- キュキュット クリア除菌
- 茂木和哉

<例>
- CHARMY Magica 除菌＋
- キュキュット
- ウタマロクリーナー
- トイレマジックリン 強力クレンザー
- バスマジックリン

<例>
- オキシクリーン
- マイペット
- ルックプラス バスタブクレンジング
- ジフ クリームクレンザー
- 過炭酸ナトリウム
- セスキ炭酸ソーダ
- 重曹
- アルカリ電解水 (製品によりpHが異なる)

<例>
- スクラビングバブル 超強力トイレクリーナー
- キッチンマジックリン
- 換気扇レンジクリーナー PRO
- 技職人魂 油職人
- 強力カビハイター ハンディスプレー
- カビキラー
- ウルトラハードクリーナー バス用

- 主にトイレで使われる洗剤
- 主にお風呂で使われる洗剤
- 主にキッチンで使われる洗剤
- 主にリビングで使われる洗剤
- 多目的に使われる洗剤
- ナチュラルクリーニングに使われるもの

効果的に汚れを落とす4つのポイント

❶適切な洗剤を選ぼう
軽い汚れなら中性洗剤で十分だが、落ちない場合は汚れの種類を見極めて、酸性洗剤、アルカリ性洗剤を活用しよう。

\ ここをチェック! /

酸性やアルカリ性といった情報は、洗剤の表示ラベルの「液性」の項目に記載。

❷温度を上げてみよう
汚れにお湯をかけたり、洗剤を温めたりすることで洗浄力はアップ。酸素系漂白剤のように水温が高くないと効果を発揮しないものもある。

❸力を加えてみよう
こすったり、こそげ落としたり、拭き取ったり。物理的な力を加えることで洗剤が浸透し、汚れがより取れやすくなる。

❹時間を置いてみよう
洗剤を入れた水につけ置きしたり、洗剤を塗ってしばらく置いたり。時間をかけて洗剤を浸透させることで汚れが落ちやすくなる。

掃除用洗剤はこれを用意しよう！

さまざまな汚れに対応する洗剤をそろえておけば
ゴシゴシしなくてもするっと落ちる。

アルカリ性洗剤（弱アルカリ性洗剤）

ギトギトの油汚れもおまかせ！

アルカリ性の性質を持つ洗剤のこと。pHの数値が8を超えて11以下のものを弱アルカリ性、11を超えるものをアルカリ性と分類する。油分を落とす作用があり、キッチンの油汚れやリビングの手垢、皮脂汚れなどに効果あり。アルミや木などに使うと変色や劣化を招くことがあるので、要注意。

アルカリ性洗剤の例

キッチンマジックリン（花王）
キッチン用アルカリ性洗剤の定番。気軽に購入できるうえ、除菌もできるスグレモノ。

換気扇レンジクリーナーPRO（リンレイ）
換気扇掃除向けの業務用洗剤。pH13以上と強力なアルカリ性でベタベタ油もすっきり。

酸性洗剤（弱酸性洗剤）

しつこい水垢は酸の力で撃退

酸性の性質を持つ洗剤のこと。pHの数値が3以上6未満のものを弱酸性、3未満のものを酸性と分類する。水まわりに白く残る水垢や浴室の石けんカス、便器の尿石などに作用し、落としやすくしてくれる。金属に使用するとサビの原因となる恐れがあるので注意。また塩素系漂白剤とまぜるのは厳禁。

酸性洗剤の例

サンポール（KINCHO）
おなじみのトイレ用酸性洗剤。尿石落としに定評あり、掃除のプロの愛用者も多い。

技職人魂 風呂職人（允・セサミ）
掃除のプロが作った浴室用酸性洗剤。浴槽や風呂いすに付着した石けんカスに効果あり。

入江プロデュース洗剤も好評発売中！

何も知らずに飛び込んだハウスクリーニングの仕事。日々掃除する中で知ったのが、洗剤の大切さ。そこで共同開発で作ったのが「White Man」洗剤セット。「ご家庭にこんな洗剤があれば」と、汚れのタイプに合わせて3種類の洗剤を用意した。部屋に置いても違和感のないパッケージデザインもポイント。

（White Man 油落とし洗剤）

○レンジ用
換気扇、コンロなどキッチンの油汚れに。

○浴室用
お風呂の水垢や石けんカスにアプローチ。

○カビ取り用
黒カビ汚れをしっかり落として除菌！

専用ECサイトなどで販売　http://www.whiteman.shop/

中性洗剤

安心して使えるマルチプレーヤー

中性の性質を持つ洗剤のこと。pHの数値が6以上8以下。主に界面活性剤の働きで、汚れを浮かせて落としやすくする。手肌や素材を傷めずに掃除ができるうえ、有害なガスなどを発生させる恐れもないので、安心して使える。日常の掃除や軽い汚れなら、まずは中性洗剤を試してみよう。

中性洗剤の例

ウタマロクリーナー（東邦）
アミノ酸成分を独自配合。中性でありながら洗浄力が高く、油汚れにも水垢にも対応。

キュキュット（花王）
安全性の高い台所用中性洗剤はキッチンやリビングなど家中の掃除に活用できる。

漂白剤・カビ取り剤

洗浄・漂白・除菌が一気にできるのが魅力

汚れの色素や汚れ自体を分解する薬剤で、主に塩素系と酸素系の2種類がある。塩素系はアルカリ性、酸素系は弱アルカリ性で、酸性の油・皮脂汚れやカビを落とすことができる。塩素系漂白剤のほうが漂白力、除菌・殺菌力も強いが、酸性洗剤とまぜると有毒ガスが出るので注意が必要。

漂白剤の例

オキシクリーン（グラフィコ）
酸素系漂白剤。お湯に溶かすと酸素の泡が発生し汚れに作用。漂白や除菌もできる。

カビキラー ハンディスプレー（ジョンソン）
塩素系漂白（カビ取り）剤の定番。スプレータイプで使いやすい。カビの根までスッキリ。

＊「塩素系カビ取り剤」は塩素系漂白剤と成分がほぼ一緒なので本書では同じ扱いとする。

除菌スプレー

掃除の仕上げに除菌効果をプラス

アルコール系の除菌剤は雑菌がたまりやすい冷蔵庫内の除菌や、シンクまわりの防カビに活用できる。油を溶かす効果もあるので、軽い油・皮脂汚れの掃除にも有効。ただしフローリングなどアルコールにより変色・劣化する素材もあるので要注意。

クレンザー

こびりついた汚れを研磨剤でこすり落とす

研磨剤と界面活性剤の入った洗剤。焦げつきや水垢など、こびりついて落ちない汚れを研磨剤の力で削り取ることができる。液体・クリームタイプと粉末タイプがある。木やプラスチックなどやわらかい素材に使うと傷がつきやすいので避けよう。

ナチュラルクリーニングって何？

重曹、クエン酸など自然界にある素材を使って掃除すること。合成洗剤のように界面活性剤などの成分は入っていないが、酸性、アルカリ性の性質を利用して汚れにアプローチする。酸性洗剤やアルカリ性洗剤を使って素材が傷むのが心配な場合、作用がマイルドな重曹やクエン酸から試すのも手。

（ナチュラルクリーニングで使う主な素材）

○重曹
弱アルカリ性。研磨剤のかわりに使っても。

○クエン酸
酸性。水垢や石けんカスなどに効果あり。

○過炭酸ナトリウム
酸素系漂白剤の主成分で同じように使える。

掃除の道具はこれを用意しよう!

道具はいろいろあるけど、基本はコレ!
場所や用途に合った道具をそろえていこう。

素材を傷つけずに汚れを取る

掃除コーナーに行くと、多種多様な掃除グッズが並んでいて「どれを選べばいいかわからない」という声も。でも、いつも使う道具は意外にシンプル。まずは用途を考えて基本的な道具からそろえていこう。

ただ、家の中はサッシやレールの隅、蛇口の裏など手が届きにくい場所がけっこう多いので、小回りの利く道具もあると便利だ。

汚れを落とすという目的だけ考えると、強力に汚れを落とす研磨剤入りブラシなどに目が行くが、もうひとつ大事なのは、なるべく素材を傷つけないということ。一見きれいになったように見えても、傷がつくと汚れがつきやすくなったり、カビが落ちにくくなったりする。

素材と道具の相性を見極めながら掃除を進めていこう。

100均＋プロの道具で最強!

基本の掃除道具から細やかなニーズに応えた汚れ落としグッズまで、いまやあらゆる道具が並ぶ100均。最初は100均で一通りそろえて、使い勝手を見ながら買い足したりしていくのもアリ。

ウエス(雑巾)やメラミンスポンジなどの消耗品は100均で十分だし、「ツインブラシ」など僕も愛用している名品もある。

とはいえ家の隅々まで掃除をしていると、どうしても落ちない汚れや届かない部分も出てくる。そういうときは掃除のプロが使う業務用の道具などが頼りになる。

本書の中では僕が掃除の現場で「これがあると便利!」と感じた道具も随時紹介していくので、さらに掃除を極めたいなら参考にしてほしい。

14

掃除するときにいつも持っていく必需品
基本中の基本！の道具

薄手のゴム手袋
（使い捨て手袋）

洗剤などから手を守るために、ゴム手袋は必須。さらにニトリル製の手袋なら伸縮性にすぐれ、手にフィットするから作業しやすい。丈夫で油や薬品にも強くおすすめ。

厚手のゴム手袋

基本的な掃除は使い捨て手袋で十分だが、薄手なぶん熱が手に伝わりやすいので、酸性漂白剤のつけ置きなど熱いお湯を使うときは、厚手のゴム手袋を使うと安心。

バケツやおけ

つけ置き洗いをするときにあると便利。風呂用のおけでもOK。つけ置きは大きなポリ袋でもできるが、バケツは拭き掃除などにも使えるので100均で買っておこう。

素材も硬さもいろいろ。上手に使い分けて
汚れをこすり落とすスポンジ・たわし

メラミンスポンジ

「激落ちくん」のような、水にぬらしてこするだけで汚れや水垢を削り落とせるスポンジ。研磨力が高いため、汚れだけでなく素材を削ってしまうことあるので注意(p.47)。

ステンレス繊維スポンジ

通称「ガリ」。繊維状のステンレスが編み込まれたスポンジ。焦げや頑固な汚れを落とすのに便利。「コゲとりスポンジ」「ラストラーレスポンジ」などの名称で100均でも買える。

ナイロン不織布たわし

ふつうのスポンジで汚れが落ちないときに、傷がつきにくい仕様のナイロン不織布たわし(p.46)。硬いものからやわらかいものまで段階があるので素材が傷つかないものを選んで。

持ちやすく汚れにフィットする形のものを
汚れをごっそりかき出すブラシ

ツインブラシ

ソフトとハード、2タイプの毛先が両端についたブラシで、素材や汚れに合わせて毛先を選べる。コンパクトなので溝などの細かい部分も洗いやすい。100均で購入可能。

イリエツイン

ブラシ側は網目や溝、狭い隙間などの汚れをかき出すのに最適。キッチンからトイレまで家中で使えるうえ、汚れたらすぐに捨てられる。作り方や使い方の詳細はp.8参照。

その他のブラシ

手を近づけたくない便器には柄のついたトイレブラシ、浴室の床には安定したグリップで磨きやすいバスブラシなど、場所や用途に合ったブラシがあると効率もアップ。

拭き取る・水気を切るアイテム
掃除の仕上げ&カビ予防に欠かせない道具

マイクロファイバーのウエス

本書では雑巾をウエスとよぶ。極細のやわらかい合成繊維を織り上げたマイクロファイバーは汚れを吸着しやすく拭き掃除に最適。拭き跡が残りにくいので仕上げにも。

スクイジー

水滴や結露を切るのに使う道具。面にゴムを当てて下へ滑らせることで、素早くきれいに水気を落とせる。浴室の水垢、カビ防止に役立つほか、鏡や窓の掃除にも使える。

ウエットシート、ウエットティッシュ

基本的に拭き掃除はウエスで行うが、トイレ掃除のように衛生面が気になる場所は使い捨てできるウエットシートが気楽。ウエットティッシュも用意しておくと便利。

固形の汚れは洗剤や水を使う前に取り除く
ホコリやゴミを取るアイテム

掃除機

ホコリやゴミはぬらすと取れにくくなるので、先に掃除機で吸い取っておくと効率がよくなる。軽量なコードレス型の掃除機ならエアコンや棚上の掃除などにも使える。

フローリングモップ

掃除機よりも安価で手軽に床掃除ができるのがフローリングモップ。用途に合わせてシートを変えられるのも便利。浴室の天井のように高い場所の掃除にも使える(p.42)。

はたき、ハンディモップ

照明や家具、家電、網戸などには大量のホコリが。拭き掃除の前になるべく払っておこう。持ち手が伸縮するタイプ、静電気の発生を抑えるタイプなど機能もいろいろ。

家にあるものもどんどん活用しよう!

掃除道具をたくさん買いそろえなくても、家の中には掃除に使えるものがあちこちに。イリエツインの材料、歯ブラシや軍手はその代表格。他にも細かい部分の汚れ落としにはつまようじや綿棒を。ホコリを一気に取りたいときはガムテープが活躍。自由な発想でいろいろ試してみよう。

(他にもこんなアイディアが!)

○**キッチンペーパー**

汚れに洗剤をつけてキッチンペーパーをかぶせるとしっかり浸透して落ちやすくなる。汚れや洗剤、水気を拭き取るのに使っても。

○**ラップ**

洗剤+キッチンペーパーにラップを重ねると、密閉して効果倍増! くしゃくしゃに丸めて汚れをこすればスポンジがわりに。

掃除を**安全**に行うために

行い方しだいで掃除は危険を伴うので、
安全に行うために以下のことを注意しよう。

01 安定した足場を選ぶ

高い場所を掃除する際に、風呂いすなど傾きやすいものに乗るのは転落事故のもと。安定した場所で脚立などを設置して行うこと。

02 手肌を保護して行う

手荒れやケガを防ぐために手袋は必須。危険性の高い塩素系漂白剤を使用する際は、バスブーツやマスクも着用すると安心。

03 「まぜるな危険」は厳守

塩素系漂白剤は酸性洗剤をまぜると有毒ガスが発生して危険！ 同時に使用するのもNG。独特の臭いがあるので使用中は換気を。

04 注意事項を確認しよう

洗剤のラベルにある使用上の注意などは、事前に確認しよう。家の建材や設備なども説明書があるならお手入れ方法をチェック。

05 電気は切って行う

ぬれた手などで電気製品を掃除すると、感電の恐れがあるので電気プラグは抜くこと。換気扇を掃除するときは電源を切ろう。

汚れが落ちないときは…

家庭では素材にやさしい方法がおすすめ。
それだと落ちない場合には、こんな方法が。

❶ 洗剤を浸透させる

右ページで紹介したように、汚れに洗剤をつけてキッチンペーパーとラップを重ね、さらに数時間置くと汚れが落ちやすくなる。強い洗剤を使う前に試してみよう。

⬇

❷ 強い洗剤を試してみる

まずは弱アルカリ性、次はアルカリ性と、徐々に移行を。変色などが不安なら目立たない場所で試して。掃除を短時間で終わらせて、洗剤をしっかり落とすことも大事。

⬇

❸ 汚れを削り落とす

研磨力の高いスポンジやサッシノミ（p.45）などで汚れの部分だけ削る方法も。ただし、素材まで傷つけてしまう恐れもあるので注意。この段階まで来たらプロに頼むのも手。

＜注意!＞
＊素材によってはアルカリ性や酸性が強い洗剤や、研磨力の高い道具がNGとなっている場合も。取扱説明書を見て判断を。

IHコンロや魚焼きグリルの掃除法もくまなく紹介！

PART 1

キッチンの ギトギト汚れを ピカピカに

キッチンの汚れは蓄積すると大変！
業者でも油との戦いになります。
これは日々ためずにサッと落とすことが、
一番の楽勝法。
おいしい食事はきれいなキッチンから。

キッチン掃除のダンドリ

ふだん掃除コース 🕐 10min 毎日

＜順番例＞

ガスコンロ »p.24

ふだんから、使ったらスプレーをして洗い、拭き取るくせづけを。ギトギト汚れの蓄積を抑えます。IHの場合も同様に。

排水口・シンク »p.32

部品のつけ置きを毎回しなくても、食器用洗剤をつけてこすり洗いし、シンクはから拭きすること。カビや水垢の蓄積速度を抑えられます。

 大掃除コース 🕐 40min 汚れてきたら

＜順番例＞

レンジフード »p.22

レンジフードは使用頻度によって汚れ方が違いますが、一般家庭なら、シロッコファンなど奥の掃除は年に一度程度でもOK。

コンロのパーツ »p.24

ふだんはスプレーを使った拭き掃除でOKですが、汚れてきたら、つけ置きで油汚れを浮かせて掃除しましょう。

魚焼きグリル »p.29

グリルが汚れていたら、コンロと一緒につき置き洗浄しましょう。魚焼きグリルは頻繁に開けないと忘れがちなので注意。

コンロ（全体） »p.24

ふだんより念入りに、拭き掃除しましょう。ウエスやスポンジで落ちない細かいところはイリエツインを使うと便利。

電子レンジ »p.28

実はのぞき込むと、庫内に飛びはねなどで汚れがこびりついていることも！ 放っておくとスパークや故障の原因にもなるので注意。

冷蔵庫 »p.30

外側だけでなく、中も一掃しましょう。忘れていた食材が奥のほうにあった！なんてことも。物を整理して、中まで拭き掃除。

排水口 »p.32

排水口はヌメリやカビがたまると不衛生で臭いの原因に。たまにつけ置きでしっかりと除菌・洗浄をすると、スッキリ！

ゴムパッキン »p.27

ゴムに油汚れやホコリが付着しやすいので、パックして拭き取りを（2時間ほど置くので大掃除の前に始めると◎）。

シンク »p.32

シンクは、洗っているつもりでも茶渋や色素沈着などで汚く見えてしまう箇所。定期的にきれいにすることでピカピカの印象に！

お風呂場の主な汚れ

油汚れ ＼これで落ちる！／ アルカリ性洗剤

カビ・ヌメリ ＼これで落ちる！／ オキシクリーン カビハイター

マルチ ＼これで落ちる！／ 除菌スプレー 中性洗剤

レンジフード

ギトギト油も洗剤で溶かしてスッキリ！

Before
開閉できるカバーがあるタイプ。
ひっくり返してみると、
スゴイことに……！！

ギトギトの原因は油汚れ。あまりにひどい場合は、業務用のアルカリ性洗剤を使うと油に打ち勝てます！

After
カバー部分もフィルターも
ピッカピカ！

表面はもちろんスベスベ。フィルターやシロッコファンまできれいにすると換気機能も段違いです。

準備するもの

- アルカリ性洗剤（スプレータイプ）
- ツインブラシ
- イリエツイン
- マイクロファイバーのウエス2枚
- 厚手のゴム手袋

フィルターのお掃除

① フィルターを外し、アルカリ性洗剤を吹きつけて10分ほど置く。

② 60℃のお湯をかけながら、ブラシ類で汚れをこすり落とす。

酸性の性質を持つ油汚れには、アルカリ性洗剤が効く。時間を置いて洗剤を浸透させよう。

汚れがひどいなら

おけなどに60℃のお湯をため、酸素系漂白剤を規定量加えてまぜ、フィルターを入れて15分ほど置く。ブラシ類で汚れをこすり落とし、水で洗い流す。

熱いお湯を使うのも油落としに有効。給湯器の温度設定を上げれば簡単にお湯をかけられる。

<注意!>＊フッ素加工された製品やホーロー製、アルミ製のものは、アルカリ性の強い洗剤や酸素系漂白剤を使用すると変色などの恐れがあるので弱アルカリ性や中性洗剤が安心。硬いブラシの使用も避ける。＊換気扇の電源を切って行うこと。

レンジフードのお掃除

① ぬらしたウエスにアルカリ性洗剤を吹きつけ、レンジフードまわりを拭く。細い溝などはイリエツインを使って汚れを落とす

② ぬらしたウエスで水拭きし、乾いたウエスで水気を取る。

レンジフードは一見きれいでも、実は油まみれ。拭き掃除でしっかり油を落として。溝や角を拭く際はイリエツインの軍手側が活躍!

 ポイント

▶ 便利グッズで手間を省いて

掃除が終わったら市販の換気扇カバーを取りつけるのがおすすめ。今後の換気扇掃除がぐんと楽になる。

あると便利!

「汚れ削ぎ取り!親方棒」(允・セサミ)

掃除のプロが設計した、ヘラ状のシロッコファン専用掃除器具。羽根にフィットして汚れをスムーズに落としてくれる。カーボン製なので金属に傷をつけずにすむ。

さらに極めるなら

換気扇のファンが簡単に取り外せる場合は、掃除にチャレンジ!ファンには羽根が筒状に取りつけられたシロッコファンと扇風機のような形のプロペラファンがあり、どちらもつけ置き洗いがおすすめ。ここではシロッコファンの掃除方法を紹介!

シロッコファンはねじで固定されている場合はゆるめ、ワンタッチ式の場合はボタンを押して外す。

おけなどに60℃のお湯をため、酸素系漂白剤を規定量加えてまぜ、シロッコファンを入れて15分ほど置く。

羽根にヘラやイリエツインを沿わせ、付着した油をそぎ落とす。全体をイリエツインでこすり洗いし、水で流す。

乾いたウエスで水気をよく拭き取り、元の位置に戻す。

ガスコンロ

焦げつきはプロの技でツルツルに

Before

五徳もコンロまわりも
焦げと油でベトベトギトギト。

五徳やバーナーリングは取り外してオキシなどの酸素系漂白剤でつけ置き。本体部分はアルカリ性洗剤で。

After

見違えるほどピカピカ！
いつもこの状態をキープする
クセづけを。

焦げや油汚れは蓄積すると凝固して落とすのに一苦労！つけ置きは毎日でなくても、拭き掃除は毎回行って。

ガスコンロのお掃除

準備するもの

- 酸素系漂白剤
- アルカリ性洗剤
- ツインブラシ
- イリエツイン
- ステンレス繊維スポンジ
- トング
- マイクロファイバーの
ウエス2枚
- つけ置き用のおけなど
- 厚手のゴム手袋

<注意!>
＊フッ素やガラスで加工された製品、ホーロー製、アルミ製のものは、アルカリ性の強い洗剤や酸素系漂白剤を使用すると変色などの恐れがあるので弱アルカリ性や中性洗剤が安心。ステンレス繊維スポンジの使用も避けること。

① おけなどに60℃のお湯をため、酸素系漂白剤を規定量加えてまぜる。五徳、バーナーリング、受け皿など外せる部品を入れて20分ほど置く。

② ゴム手袋をはめた手でコンロの天板全体にアルカリ性洗剤をのばす。こびりついた汚れはブラシ類やステンレス繊維スポンジでこすり落とす。お湯でぬらしたウエスで水拭きし、乾いたウエスで水気を取る。

酸素系漂白剤はお湯に溶かすと酸素の泡を放出する。40〜60℃が汚れ落としに最適な温度。

焦げにはステンレス繊維スポンジ、溝にはイリエツイン。汚れや場所に合わせて道具選びを。

③ ❶の部品をやけどしないようにトングを使って取り出す。

④ ブラシ類やステンレス繊維スポンジで焦げつきをこすり落とし、水で洗い流す。乾いたウエスで拭く。

3

60℃のお湯はかなり熱いので、取り出しの際は注意を。念のためゴム手袋は厚手のものを装着しよう。

あると便利！

つけ置き洗い袋

100均で購入した、シンクに収まる形の大型ポリ袋。大きなおけがなくてもつけ置き洗いが可能に！

4

ステンレス繊維スポンジはやわらかいので、複雑な形状の部品でもこすり洗いがしやすい。

さらに極めるなら

頑固な焦げにはスクレーパーが有効。焦げや汚れの下へ斜めに差し込み、少しずつ動かしてこそげ落とす。刃を立てたり力を入れすぎたりすると素材に傷をつけてしまうので注意。

おいしい食事は油汚れの向こう側にある、きれいなキッチンから

あると便利！

スクレーパー

ヘラ状の刃に柄をつけた工具。中でも「一枚刃／三枚刃ホルダー」という道具は汚れ落としで大活躍。

キッチン編 ／ お風呂編 ／ トイレ編 ／ リビング編

25

IHクッキングヒーター

傷をつけずに、焦げだけ落とす！

Before
ここまで焦げが
たまったらお手上げ！
調理も危険です。

中性洗剤と、あまりに頑固な焦げつきにはIH専用クリーナーを使って。IHを傷つけず焦げだけを落とすこと。

After
諦めていた焦げつきも
きれいさっぱり落ちます！

掃除がラクなIHは、汚れを蓄積せずに毎回拭けば、常にこの状態を保てます。

IHクッキングヒーターのお掃除

準備するもの
・台所用中性洗剤
・IH専用クリーナー
・マイクロファイバーのウエス3枚
・ゴム手袋

① ウエスに中性洗剤をつけて水にぬらし、天板全体を拭く。

② 茶色の焦げつき部分に中性洗剤と水を少量たらし、IH専用クリーナーでこする。

③ ぬらしたウエスで水拭きし、乾いたウエスで仕上げ拭きする。

IHクッキングヒーターの素材は、アルカリ性洗剤を使うと変色の恐れがあるので中性洗剤を。

あると便利！

IH専用クリーナー
IHのトッププレートはガラスコーティングされている場合が多く、傷がつきやすいので金だわしなどはNG。焦げが気になるときはIH専用のクリーナーを使おう。

＜注意!＞
＊電源プラグを抜き、本体が冷めてから掃除を行うこと。

洗剤を染み込ませてからクリーナーで力を加えることで、焦げを落としやすくなる。

ゴムパッキン

目につく黄ばみ＆黒カビをホワイトニング

キッチン編

お風呂編

トイレ編

リビング編

Before
キッチンの壁との境界線についているゴムの部分。実は汚れていませんか？

ココ

After
汚れも取れて、ゴム部分が真っ白に！ココで印象に差がつく！

ゴムパッキンは、ゴム×油汚れ、ホコリや調味料のカスなどの癒着で汚れがたまりやすい箇所！

あまりに蓄積がひどいと変色していることも。カビキラーやカビハイターなどの塩素系漂白剤で、さらにパックを！

準備するもの

- 塩素系漂白剤（スプレータイプ）
- キッチンペーパー
- ラップ
- マイクロファイバーのウエス2枚
- ゴム手袋

ピカピカポイント

▶ 漂白剤は二度拭きで確実に落とす

塩素系漂白剤は刺激性が強いので、水で洗い流せない場所で使う場合は、その後の拭き取りを念入りに行おう。

ゴムパッキンのお掃除

1 ゴムパッキンに塩素系漂白剤を吹きつけ、細く切ったキッチンペーパーをかぶせてなじませる。

2 上からさらに塩素系漂白剤を吹きつけ、ラップをかぶせて2時間ほど置く。

3 ラップやティッシュを取り外し、ぬらしたウエスで汚れや漂白剤を拭き取る。別のウエスをぬらしてもう一度拭く。

＜注意！＞＊塩素系漂白剤の使用中は換気を行い、マスクや手袋を装着すること。＊長時間置くと変色の恐れがあるので注意。

塩素系漂白剤が金属に付着するとさびることが。金属部分についたら水拭きで取って。

ラップをかぶせることで密着度が上がり、塩素系漂白剤がパッキンに浸透する。

電子レンジ

焦げは発火事故の原因に。しっかり落とす！

Before
のぞき込んだらひどいことに！　スパークなど事故のもとになり、危険！

レンジは使っているうちに飛びはねや破裂が頻繁に起こるので汚れやすい。そして、見えにくいのでこんな状態に。

After
レンジは表面だけでなく、中の掃除が大切！マメに拭きましょう。

そのつど拭けばこの状態をキープできます。たまると大変なのでこまめに拭きましょう。

準備するもの

- 台所用中性洗剤（汚れが激しい場合は弱アルカリ性洗剤）
- キッチンスポンジ（またはナイロン不織布たわし）
- マイクロファイバーのウエス3枚
- ゴム手袋

汚れがひどいなら

ぬらして軽く絞ったウエスを3分ほどレンチン。扉を開けずに数分置くと蒸気が充満し、汚れが落ちやすくなる。焦げつきには、重曹ペースト（水と重曹を1:2の割合でまぜたもの）を塗り、ラップで覆って10分ほど置き、スポンジでこするとよい。

電子レンジのお掃除

1. ターンテーブルがある場合は取り出し、中性洗剤をつけたスポンジで洗い、水で流して乾いたウエスで拭く。
2. ぬらしたウエスに中性洗剤をつけて、庫内やドアの内側を拭く。
3. 別のウエスをぬらして庫内やドアの内側から外側まで水拭きし、乾いたウエスで拭く。

<注意!>
＊電源プラグを抜き、本体が冷めてから掃除を行うこと。

ターンテーブルの下の回転網も取り外して一緒に洗おう。汚れが落ちにくいならつけ置きを。

アルカリ性洗剤を使用すると庫内の表面塗装が剥がれることがあるので、基本中性洗剤で。

魚焼きグリル
頑固な焦げつき vs オキシパワー

キッチン編

Before
この間使ったことを忘れていた！ なんてことも。魚の脂は臭いの原因！

After
蓄積した脂も思い切ってまるごとピカピカに！

毎回使うものでないため忘れがちなのが魚焼きグリルの中。後片づけの落とし穴です。魚の脂は放っておくと悪臭に。

毎回洗剤で洗えばすぐに落ちますが、蓄積してしまった脂はオキシのつけ置きで落としましょう。

準備するもの
・酸素系漂白剤
・台所用中性洗剤（汚れが激しい場合は弱アルカリ性洗剤）
・キッチンスポンジ（またはナイロン不織布たわし）
・イリエツイン
・マイクロファイバーのウエス3枚
・つけ置き用のおけなど
・厚手のゴム手袋

魚焼きグリルのお掃除

❶ おけなどに60℃のお湯をため、酸素系漂白剤を加えてまぜ、受け皿や焼き網、グリル扉など外せる部品を入れて15分ほど置く。

❷ ❶を取り出し、スポンジやイリエツインで汚れをこすり落とし、お湯で洗い流す。乾いたウエスで拭く。

❸ ぬらしたウエスに中性洗剤を少量つけ、庫内を拭いて汚れを落とす。細かい部分はイリエツインの軍手側を使うと便利。別のウエスをぬらして洗剤を拭き取る。

グリル扉などが入るサイズのおけがなければ、p.25のつけ置き洗い袋を利用しても。

60℃のお湯に手を入れて作業するので、厚手のゴム手袋を装着して安全に進めよう。

ピカピカポイント
▶ **キッチンスポンジだと落ちない場合は**
焦げつきがひどいと、スポンジでは落ちないことも。p.46のナイロン不織布たわしを使用してみよう。

＜注意!＞＊フッ素樹脂加工された製品やアルミ製のものは、酸素系漂白剤を使用すると変色などの恐れがあるので中性洗剤を使うこと。ナイロン不織布たわしの使用も避ける。

お風呂編　トイレ編　リビング編

29

冷蔵庫

汚れを放置すると冷蔵庫が雑菌だらけに！

Before
目をそむけたかった
冷蔵庫の底！ 数年ためたら
恐ろしいことになります。

After
食材整理は大変だけど、
これをやると気持ちまで
スッキリ！

まずは食材を出して整理すること。賞味期限切れやカビたりしている食材もあるかも。冷蔵庫のプラグは抜いて。

食材を整理してきれいに磨くと、衛生的で、損なわれていた冷蔵機能もアップ。大掃除のときは冷蔵庫も！

冷蔵庫のお掃除

準備するもの
- 台所用中性洗剤
- キッチンスポンジ
- シート
- 保冷バッグ
- マイクロファイバーのウエス3枚

<注意!>＊庫内の拭き掃除は電源プラグを抜いてから行うこと。

① 床にシートなどを敷いて、冷蔵庫の中のものを出す。冷凍庫のものは保冷バッグへ。

② 棚板など外せる部品を取り出して、スポンジに中性洗剤をつけてこすり洗いする。水で洗い流し、乾いたウエスで拭く。

ピカピカ ポイント

▶ **冷蔵庫掃除用のウエスは使い古しNG**

雑菌がついたウエスで拭くと、冷蔵庫中に菌が広がってしまうので、新しく清潔なウエスを使おう。

掃除のついでに冷蔵庫の整理もしよう。賞味期限切れの食材などは処分してスッキリ。

メーカーによっては取り外しや水洗い不可の棚板も。その場合、③の方法で掃除しよう。

❸ ぬらしたウエスに中性洗剤をつけ、庫内についた液だれや汚れをこする。別のウエスをぬらし、固く絞って水拭きし、乾いたウエスで庫内全体を拭く。食品と❷の部品を戻す。

❹ ぬらして固く絞ったウエスでドア表面を水拭きし、乾いたウエスで拭く。

冷蔵庫の汚れを放置すると細菌の温床に。特に野菜室は野菜についた土から細菌が繁殖することが。

ピカピカポイント
▶ 冷蔵庫はホコリやゴミがいっぱい

野菜クズなどのゴミはウエスでかき集めて取り除く。ドアパッキンの内側もホコリやゴミがたまりやすい場所。イリエツインや綿棒を使ってかき出そう。

手垢や油汚れが落ちないなら、ウエスに中性洗剤を少量つけて拭き掃除する。その後、水拭き→から拭きを。

除菌を徹底するなら

アルコール除菌剤（スプレータイプ）を乾いたウエスに吹きつけて、庫内を拭く。ただし、アルコールの使用NGの冷蔵庫もあるので、取扱説明書で確認を。

ピカピカポイント
▶ 食器用洗剤でコロナ対策

アルキルアミンオキシドなど、一部の界面活性剤を含む食器用洗剤は新型コロナウイルスに効果あり。水500ml：洗剤小さじ1の割合で薄め、ウエスに染み込ませて絞り、冷蔵庫を拭く。5分後に水拭き、から拭きをすれば除菌完了。

> 汚れは隅々に隠れている。除いた先に視界が開ける。仕事ができる人は視野が広い

排水口・シンク

放置すると臭いや雑菌の温床に！

Before
ドロドロの排水口……
臭いものに蓋をしていた！
向き合って磨こう！

排水口の部品の裏は、カビやヌメリの温床！ 臭いの原因にもなります。定期的に掃除して、除菌しましょう。

After
オキシでつけ置きすれば
触らずラクラク汚れを浮かして
ピカピカに！

ゴシゴシこする前にオキシでつけ置きすればラクラク落ちます。ひどいカビにはカビキラーなどの塩素系漂白剤を。

準備するもの

- 酸素系漂白剤
- クリームクレンザー
  → 白いうろこ状の水垢に
- 塩素系漂白剤
  （ステンレス使用可の製品）
  → 黒ずみ、茶渋に
- アルカリ性洗剤
  → 油汚れに
- ツインブラシ
- イリエツイン
- キッチンスポンジ
- メラミンスポンジ
- ラップ
- つけ置き用のおけなど
- トング
- 厚手のゴム手袋

ピカピカポイント

▶ 塩素系漂白剤で強力除菌

ぬめりやカビ、汚れがひどいなら、除菌力の強い塩素系漂白剤を使用。排水口の部品や排水口内部にまんべんなく吹きつけて5〜10分ほど置き、ブラシ類でこすり、水で洗い流す。

排水口のお掃除

1 排水口のゴミを捨てる。おけなどに60℃のお湯をため、酸素系漂白剤を規定量加えてまぜる。ふた、ゴミ受け、排水トラップなど外せる部品を入れて、15分ほど置く。

ぬめりや油汚れを酸素の泡が一気に浮き上がらせるので、その後の排水口掃除がラクに。

2 トングで取り出し、ブラシ類で汚れをこすり落として水で洗い流す。

ツインブラシやイリエツインが使いやすい。軽くこするだけでも汚れがスムーズに落ちる。

シンクのお掃除

① シンクの水垢が気になる部分は、クリームクレンザーをつけて、ラップで包んだスポンジでこすり、水で洗い流す。

② 黒ずみや茶渋が気になる部分はステンレスに使用できる塩素系漂白剤（スプレータイプ）を吹きつける。5分ほど置いてスポンジでこすり落とし、水でよく洗い流す。

③ 油汚れが気になる部分はお湯をかけ、アルカリ性洗剤をつけたスポンジでこすり落とし、水で洗い流す。

シンクのフチ裏にも汚れがたまっている！ 目立たない部分もしっかりこすって落とそう。

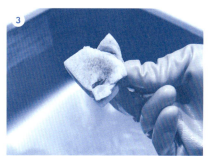

メラミンスポンジでこするとよく落ちるが、シンクが光沢のあるステンレスの場合は傷がつくのでNG。

ピカピカポイント
▶ シンクを傷つけないために

クリームクレンザーは成分表示をチェックして、研磨剤が20％以下のものを選ぶと安心。スポンジはクレンザーを吸収してしまうので、ラップを使うのがおすすめ。蛇口は傷つきやすいので、クエン酸パック（p.51）で水垢を落として。

極めるなら
①〜③の後に乾いたウエスで仕上げ拭きする。毎日最後にから拭きすれば、水垢防止にもなる！

さらに極めるなら
さらにステンレスクリーナーを吹きかけ、乾いたウエスで仕上げ拭きする。

ステンレスクリーナーで仕上げたら、新品みたいにピカピカ！

あると便利！
「ステングロス」（シーバイエス）

スプレーして拭き取るだけで洗浄とツヤ出しができるステンレスクリーナー。表面の保護効果もあるので仕上げにぴったり。

<注意!>
＊ホーロー製や人工大理石製のシンクは、アルカリ性の強い洗剤や塩素系漂白剤を使用すると変色などの恐れがあるので中性洗剤が安心。
＊塩素系漂白剤を使用する際は換気をしっかりすること。酸性の洗剤やクエン酸を併用しないこと。

Column

子ども部屋の掃除はどうする？

子どものすこやかや成長のために、アレルギー対策と除菌をしっかりと

日々の掃除で健康を守ろう

子ども部屋はキッチンのようにしつこい汚れはつかないけれど、ホコリや食べこぼしなどのゴミは着実にたまっていく。

掃除をせずにホコリを放置すると、ハウスダストアレルギーによる鼻炎や目のかゆみ、喘息などを引き起こすことも。頻繁に部屋を換気して掃除機をかけることが対策となる。

さらに免疫力の低い子どもを守るために、衛生面の注意も必要。子どもは汚れた手で部屋やおもちゃを触りがちで雑菌も増えやすいので、洗えるものは洗濯、洗えないものは除菌スプレーで清潔を保つとよい。

子ども部屋が散らかっていると掃除がしにくいので、片づけも大事なポイント。親子で片づけや掃除を一緒にやりながら、整理整頓や簡単な掃除の方法を伝えていこう。

【これを用意しよう！】

掃除機

ハウスダストアレルギーの原因となるホコリは、掃除機で吸い取るのが一番。特にじゅうたんはホコリやゴミがたまるとダニも繁殖しやすいので、こまめに掃除機がけを。

ウエットティッシュ

ドアノブや家具の取っ手、おもちゃなど、子どもがよく触れる部分をさっとひと拭きするのに便利。子ども部屋に置いておけば、汚れたらすぐに拭き取ることができる。

アルコール除菌スプレー

アルコール濃度が60～90％程度のものなら、インフルエンザや新型コロナウイルスの感染予防にも役立つ。ワックスが溶けるのでフローリングには使わないこと。

次亜塩素酸水スプレー

子どもが感染しやすいノロウイルスやロタウイルスなどの胃腸炎につながるウイルスは、アルコールよりも次亜塩素酸水が効果発揮。嘔吐物の処理などにあると安心。

子ども部屋のお掃除

① 窓を開けて換気する。床に散らかっているものを片づける。

② 部屋全体に掃除機をかける。

③ 机やドアノブ、おもちゃ、電気のスイッチなどよく触れる部分は乾いたウエスで拭き、さらにアルコール除菌スプレーを吹きつけたウエスで拭く。

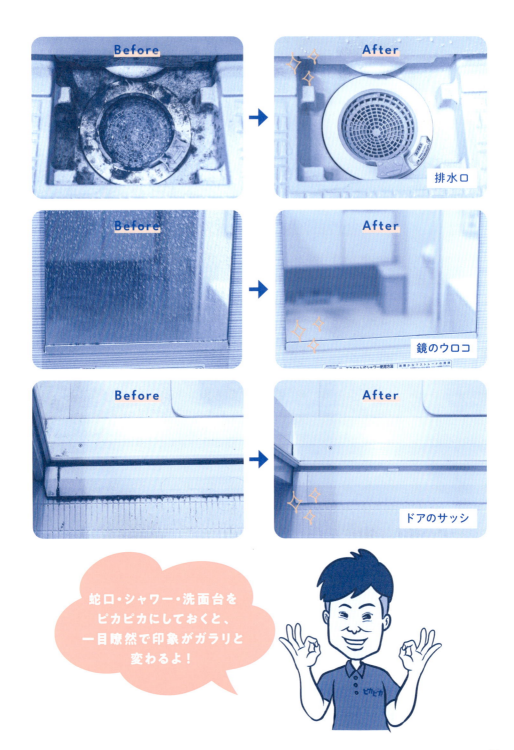

PART 2

お風呂は
ココを押さえれば
カビ知らず！

お風呂掃除は浴槽と排水口だけ…
という人が実は少なくありません。
いちばん湿気の多いお風呂場こそ、
日々のササッと掃除がカビない秘訣！
頑固な鏡のウロコも、
蓄積しなければ自力で落とせます！

お風呂掃除のダンドリ

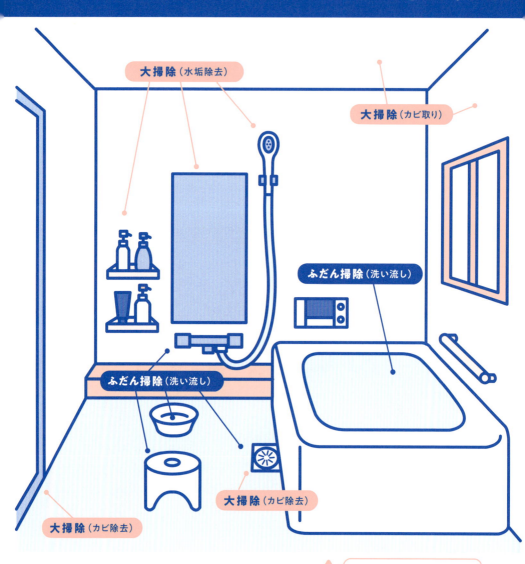

ふだん掃除コース ⏱ 5min ／毎日

<順番例>

スプレー洗剤で全体を洗う → **スクイジーで水気を切る** → **排水口**

浴槽、排水口、床、壁、蛇口、お風呂のふた、桶、いすなど。風呂専用の中性洗剤でOK。

カビや水垢の予防に案外大事なひと手間。とくに鏡、浴槽フチの水滴はウロコになる元凶。

受け皿に髪の毛がたまると汚れやカビの原因に。毎日捨てるだけでも掃除がラクに。

 ふだん掃除コース ⏱ 20min ／週に1回

<順番例>

浴室全体 → **排水口**

浴槽、壁、床、ふた、いす、蛇口、鏡などを、中性洗剤をつけてこすり洗いする。

髪の毛を捨ててカバーや受け皿を外し、中性洗剤をつけたブラシでこすり洗いする。

 カビ取り大掃除 ⏱ 1h ／汚れてきたら

<順番例>

排水口 »p.40 → **天井** »p.42 → **ドアサッシ** »p.44 → **壁・床** »p.43〜48

部品を取り外して酸素漂白剤を入れたお湯でつけ置きし、ブラシでこすり洗いする。

フローリングモップにカビ取り用ウエットシートをつけて天井をこすり洗いする。

サッシやドア下のカビを塩素系漂白剤で落とし、ガラス部分をこすり洗いする。

壁、床、ふた、おけ、いすなどのカビを塩素系漂白剤やアルカリ性洗剤で落とす。

 水アカ取り掃除 ⏱ 1h ／汚れてきたら

<順番例>

換気扇 »p.49 → **浴室の水垢取り** »p.43〜53 → **洗面台** »p.54

換気扇カバーは汚れをブラシで落として水洗い。換気扇本体はウエスで拭き掃除する。

床、浴槽、いす、鏡、蛇口、シャワーなどの水垢を酸性洗剤や中性洗剤で落とす。

蛇口や排水口、洗面ボウルに中性洗剤をつけてこすり洗いし、すすぎ→から拭きする。

お風呂場の主な汚れ

水垢・石けんカス ＼これで落ちる！／
ひどい水垢は<u>酸性洗剤</u>
軽い水垢なら<u>クエン酸</u>でも

カビ・ヌメリ ＼これで落ちる！／
黒ずみレベルは<u>塩素系漂白剤</u>
軽度のカビなら<u>アルカリ性洗剤</u>でも

皮脂汚れ ＼これで落ちる！／
激しい汚れは<u>アルカリ性洗剤</u>
軽い汚れは<u>中性洗剤</u>でも

排水口

ドロドロ汚れはオキシの泡できれいさっぱり！

Before
どっひゃー！
カビと髪の毛、リンスの
ヌメリでひどい状態！

毎日使うお風呂場の排水口はマメに掃除が必須。あまりの汚さに慌てず、オキシでつけ置きすればラクラク落ちる♪

After
気持ちいいほどピッカピカ！
水の流れもこれでスムーズ。
排水口詰まりにさよなら。

イリエツインやツインブラシなどで排水口ネット部分もこすれば、触らずにラクラク落ちます。

排水口のお掃除

準備するもの

- 酸素系漂白剤
- アルカリ性洗剤
- ツインブラシ
- イリエツイン
- つけ置き用の おけなど
- トング
- 厚手のゴム手袋

① 排水口カバーを外して受け皿などにたまったゴミや髪の毛を取り除く。

② おけなどに60℃のお湯をため、酸素系漂白剤を規定量加えてまぜ、排水口カバーや受け皿、封水筒など外せる部品を入れて15分ほど置く。

憂鬱な作業だが、手袋をはめていれば抵抗感は減る。ゴミ袋をそばに用意しておけばすぐに終わる！

つけ置きすれば、放っておくだけで汚れの大半が落ちる。いろいろな部品を一気に洗えるのも◎。

ピカピカポイント

▶ **複合的な汚れにはオキシづけが有効**

お風呂場の排水口を放置すると、髪の毛や皮脂汚れ、カビなどさまざまな汚れがまざってドロドロに。弱アルカリ性の酸素系漂白剤は大半の汚れに効果があるうえ、お湯を注ぐと発泡し、こびりついた汚れを浮かしてくれる。

3 ❷の部品をトングで取り出し、ブラシ類でこすって汚れを落として水で洗い流す。

4 排水口に残った汚れにアルカリ性洗剤をかけてブラシ類でこすり、水で洗い流す。❸の部品を元の位置に戻す。

ツインブラシやイリエツインを使って、網目など細かい部分の汚れをしっかり落とそう。

あると便利！

ヘアキャッチャー

髪の毛がたまると垢や石けんカスもたまりやすくなるもの。ヘアキャッチャーやネットなど処理がラクになるグッズを使ってマメに捨てる習慣をつけよう。

皮脂汚れやカビは酸性の汚れなので、アルカリ性洗剤が有効。洗い終わったらしっかりすすぎを。

なるべく汚れを触りたくないなら

排水口のカバーを外してゴミなどを取り、酸素系漂白剤と熱湯を直接入れる方法も。排水口に水がたまっていると水温が下がり発泡しなくなるので、80℃以上のお湯を使うのがコツ。15分ほど置き、汚れをブラシ類でこすり落とし、水で洗い流す。

ピカピカポイント

▶ **カビが気になる場合は**

排水口や部品に塩素系漂白剤（スプレータイプ）を吹きつけて10分ほど置く。ブラシ類で汚れをこすり落とし、水でよく洗い流す。ただし酸性の洗剤とは併用しないこと。

天井

届かないカビ汚れはアレを使ってお掃除！

Before
湿気が多い
お風呂場の天井は
ポツポツ黒カビが！

手が届かない天井は、クイックルワイパーなどのフローリングモップを使って。薬剤が落ちてこないよう十分注意して。

After
手の届かない天井も
黒カビ、赤カビ、
一気にバイバイ！

きれいになったら、最後にスクイジーやクロスでしっかり水気を拭くことが大切！　水気や湿気がカビの原因。

天井のお掃除

準備するもの
- フローリングモップ（使い捨てシートタイプ）
- カビ取り用ウエットシート
- スクイジー　・吸水クロス
- ゴム手袋　・脚立

① フローリングモップにカビ取り用ウエットシートを取りつけ、天井の汚れを拭き取る。隅など届きにくい部分は、脚立に乗って手でシートを持って拭く。

② シャワーでお湯をかけて洗い流す。スクイジーで水気を切り、吸水クロスで残った水気を拭き取る。

あると便利！
「黒カビくん　カビ取りウエットシート」
（レック）
カビ取り剤が配合されたシートで、薬液が弱酸性で安心して使えるのも◎。

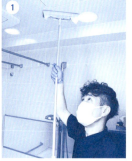

隅などのカビを手で拭く際は、安定の悪い風呂いすや浴槽には上らないこと。脚立を使おう。

シャワーをかけた直後は天井から水がたれてくるので、少し時間を置いてから水切りするとよい。

ピカピカ ポイント
▶ **キッチンペーパーで代用してもOK**

厚めのキッチンペーパーに塩素系漂白剤を吹きつけてモップにつける方法も。ただし漂白剤が多すぎると、上からたれてきて目に入るなどの危険もあるので要注意。

壁・床・風呂ふた

汚れに合わせた洗剤選びがポイント！

Before

風呂ふたは、ヌメリや黒カビ、赤カビの温床。健康にも最悪〜！

ふた、壁や床の黒カビ、赤カビにはカビキラーなどの塩素系漂白剤でシュッと一撃。

After

お風呂に触れるふたは常に清潔に☆

日々のカビ予防も大切。スクイジーやクロスで、湯気や結露、水滴はサッと一拭きすると、カビの繁殖が段違い！

準備するもの

- 塩素系漂白剤（スプレータイプ）
  →黒カビ、ピンクぬめりに
- 浴室用酸性洗剤
  →水垢、白い石けんカスに
- バスブラシ
- ツインブラシ
- イリエツイン
- スクイジー
- 吸水クロス
- ゴム手袋

ピカピカポイント

▶ スクイジーの使い方のコツ

スクイジーは1回水切りすると水がたまりやすいので、ウエスで適宜拭き取る。

壁・床・風呂ふたのお掃除

① 黒カビやぬめりが気になる部分は塩素系漂白剤を吹きつけて15分ほど置く。ブラシ類で汚れをこすり落とし、水でしっかりと洗い流す。

② 水垢が気になる部分は酸性洗剤をかけて15分ほど置く。ブラシ類で汚れをこすり落とし、水でしっかりと洗い流す。

③ 壁はスクイジーで水気を切る。吸水クロスで壁、床、風呂ふたに残った水気を拭き取る。

軽度のカビならアルカリ性洗剤をつけてブラシでこするだけでもかなり落ちる。

スクイジーのゴム部分は壁に直角に当てず、少し斜めにねかせて下へすべらせる。

＜注意!＞
※塩素系漂白剤と酸性洗剤を一緒に使うのは厳禁。両方使いたい場合は、片方を水でしっかりと洗い流してから、もう片方を使う。
※材質によっては、アルカリ性洗剤や酸性洗剤などの使用で変質することもあるので要確認。使用NGの場合は中性洗剤を使うこと。

ドア

ホコリや汚れをためるとカビの温床に……！

Before
お風呂のドアのサッシ、汚いのが嫌で、またいでいませんか？

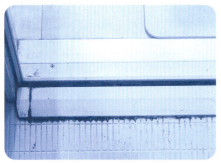

水気、髪の毛、カビ、ホコリで大変なことに。カビキラーのあとは、イリエツインやツインブラシで細いところも楽勝。

After
足元もきれいに！カビになる前に拭き掃除を心がけて。

汚れがきれいに落ちたらしっかりと水気を拭き取って完成。お風呂のあとにサッと一拭きする毎日のクセづけを。

ドアのお掃除

準備するもの

- 塩素系漂白剤（スプレータイプ）
- 浴室用中性洗剤（スプレータイプ／白い水垢が気になる場合は酸性洗剤）
- バスブラシ
- ツインブラシ
- イリエツイン
- サッシノミ
- ウエットティッシュ
- マイクロファイバーのウエス1枚
- ゴム手袋

1. 換気口やサッシ、ドア枠下にたまったホコリや髪の毛をブラシ類でかき出し、ウェットティッシュで取り除く。

2. サッシに黒カビが生えていたら、塩素系漂白剤を吹きつけて15分ほど置き、イリエツインで汚れをこすり落とす。水でしっかりと洗い流す。

<注意!>
＊塩素系漂白剤と酸性洗剤を一緒に使うのは厳禁。両方使いたい場合は、片方を水でしっかりと洗い流してから、もう片方を使う。

お風呂のドアのホコリは湿気を含んでいるので、はたきでは落ちない。ブラシでこすって落とすとよい。

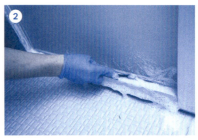

根深いカビならキッチンペーパーやラップをかぶせてパックし（p.29）、漂白剤を浸透させよう。

キッチン編 / お風呂編 / トイレ編 / リビング編

> ### ピカピカ ポイント
> ▶ 換気口はホコリがびっしり
>
> ドアの上部や下部にある換気口はホコリがたまりやすく、放置すると固まってカビが生えることも。そこまできたらアルカリ性洗剤をつけてブラシでこすり落とそう。

ドア枠のような細い部分にはイリエツインが大活躍。ブラシ側でこすって軍手側で拭くと◎。

サッシのみをレールの溝に当ててこすると汚れがごっそり取れる。必須ではないが、あると便利。

③ ドア枠下に黒カビが生えていたら、塩素系漂白剤を吹きつけて15分ほど置き、イリエツインやサッシノミで汚れをこすり落とす。水でしっかりと洗い流す。

④ ガラス部分は中性洗剤または酸性洗剤を吹きつけ、ブラシ類でこすって汚れを落とし、水またはお湯で洗い流す。

⑤ 乾いたウエスでドア全体や下枠の水気を拭く。

あると便利!
サッシノミ
サッシの隙間にこびりついた汚れやゴミをかき取るのに便利な掃除道具。サッシヘラともいう。傷がつかないよう力加減に注意

> ### ピカピカ ポイント
> ▶ カバーなどが取り外せる場合は
>
> 下の部分にも汚れがたまっていたり、カビが生えていることも! 同じようにお掃除してすっきりしよう。

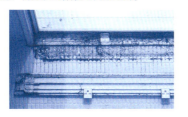

カビバイバイ、垢バイバイ、幸せ倍々。水まわりは大切!

浴槽

傷をつけずに効率よく汚れを落とす！

Before
これは浴槽のヘリ部分。
キャー！
隙間から真っ黒なカビが発生！

After
隙間までしっかり洗浄完了！
浴槽を傷つけず
優しくピカピカに。

浴槽は水垢やウロコ、そしてカビ。浴槽のカビは、皮脂汚れや石けんのカスもまざっている可能性があり厄介！

白いお風呂場での黒カビは目立ちます。隙間の汚れは、洗剤で落ちにくければ、次のページの方法でこそげ落として。

浴槽のお掃除

準備するもの

- アルカリ性洗剤
  → 皮脂汚れ、ぬめりに
- 浴室用酸性洗剤
  → 水垢、白い石けんカスに
- バススポンジ
- ツインブラシ
- イリエツイン
- ナイロン不織布たわし
  （傷がつきにくいタイプ）
- 吸水クロス
- ゴム手袋

① 浴槽の汚れは主に酸性の皮脂汚れなのでアルカリ性洗剤を。軽い汚れなら中性洗剤でも十分落ちる。

あると便利！

「スコッチ・ブライト™
パワーパッド No.3008」
（3M）

樹脂研磨粒子入り"ナイロン不織布たわし"。素材をなるべく傷つけずに汚れを取りたいときに。ただし、蛇口やシャワーヘッドにはこれより研磨力が弱い不織布たわしを。

① 浴槽をお湯でぬらす。バススポンジにアルカリ性洗剤をつけ、浴槽内部の皮脂汚れやぬめりをこすり落とし、水で洗い流す。

46

② 白い水垢が付着している場合は、酸性洗剤をかけて15分ほど置く。ナイロン不織布たわしで表面のざらつきがなくなるまでこすり、水またはお湯でしっかりと洗い流す。

③ 追いだき機能がある風呂なら、循環アダプターのフィルターやアダプター本体についたゴミをブラシ類で取り除いて水で洗い流す。

④ 吸水クロスで浴槽の水気を拭き取る。

酸性洗剤で水垢を浮かせてから落とす。力を入れてこすると浴槽に傷がつくのでNG。表面を軽くこする。

あると便利！

吸水クロス
吸水性にすぐれた素材でできたクロス。大量の水の拭き取りができるので、風呂掃除の仕上げに便利。洗濯機で洗えて繰り返し使えるものがおすすめる。

フィルターは外してブラシでこすり洗いし、循環アダプター本体もブラシで皮脂汚れなどを落とす。

汚れがひどいなら

浴槽カバー（エプロン）の上にこびりつきやすい茶色い汚れは、皮脂汚れや石けんカス、水垢がまじっている可能性が。アルカリ性洗剤と酸性洗剤で洗って、それでも落ちない汚れは傷がつきにくいスクレーパーやプラスチック製のカードでこそげ落とす。

＜注意！＞
＊浴槽の材質によっては、アルカリ性洗剤や酸性洗剤が変色などの原因になることもあるので要確認。使用NGの場合は中性洗剤を使うこと。
＊酸性洗剤を使用する際は換気をしっかりすること。

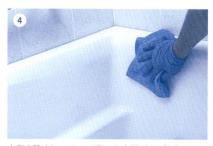

水気を残すと、せっかく取った水垢がまた発生してしまう原因に。掃除のあとに拭き取る習慣をつけよう。

ピカピカ ポイント

▶ **メラミンスポンジの使用は要注意！**

水垢落としに活躍するメラミンスポンジは、浴槽によく使われる樹脂素材よりも硬いため、こすると傷をつけてしまうことも。浴槽にはバススポンジや傷がつきにくいタイプのたわしを選び、目立たない場所で試してから使用するのが安心。

シャンプー・おけ・風呂いす

汚れの複合地帯に2種類の洗剤でアプローチ

Before
よく見ると風呂いすも
落ちない汚れが！
こんなところに座れない！

この白い汚れは主に石けんカス。蓄積していくとなかなか落ちにくいもの。メラミンスポンジかイリエツインを用意して。

After
落ちにくい白い石けんカスも
コツひとつで即効撃落ち！

風呂いすやシャンプーボトルなどのきれいさも風呂全体の印象を左右します。肌に触れるものだからこそ清潔に。

準備するもの

- アルカリ性洗剤
  →皮脂汚れ、ピンクぬめり、黒カビ、白い石けんカスに
- 浴室用酸性洗剤
  →水垢に
- メラミンスポンジ
- イリエツイン
- ナイロン不織布たわし（傷がつきにくいタイプ）
- マイクロファイバーのウエス1枚
- ゴム手袋

ピカピカポイント

▶日頃のカビ対策でお掃除がラクに

カビが苦手なのが、熱と乾燥。入浴後、おけやいすに50℃以上のお湯をかける、いすを浴槽の縁に掛けて下部を乾かすなど、ちょっとした習慣がカビを防いでくれる。

シャンプー・おけ・風呂いすのお掃除

① シャンプーやおけ、風呂いすをお湯でぬらす。メラミンスポンジやイリエツインにアルカリ性洗剤をつけ、皮脂汚れやぬめり、黒カビをこすり落とし、水で洗い流す。

② 白い水垢が付着している場合は、酸性洗剤をかけて15分ほど置く。メラミンスポンジやナイロン不織布たわしで表面のざらつきがなくなるまでこすり、水で洗い流す。

③ 乾いたウエスで水気を拭き取る。

＜注意！＞
＊おけやいすの材質によっては、アルカリ性洗剤や酸性洗剤が変色などの原因になることもあるので要確認。使用NGの場合は中性洗剤を使うこと。
＊酸性洗剤を使用する際は換気をしっかりすること。

シャンプーなどにつくカビは軽度のものが多いので、まずはアルカリ性洗剤で落とそう。

トイレ用の酸性洗剤は強力でプラスチックなどには使えないことも。浴室用の洗剤を使おう。

換気扇

実はホコリやカビをまき散らしているかも……!?

Before
脱衣所の換気扇には衣類などのホコリが詰まりやすい！

ブラシと洗剤でフィルターまでスッキリ洗浄！主な汚れなので、中性洗剤でOK。 ホコリが

After
高いところの取り外しさえ頑張れば洗うのは簡単！

あらかじめシートタイプの使い捨て換気扇カバーをつけておくと掃除がラクラク！

準備するもの

- 浴室用中性洗剤
- ツインブラシ
- イリエツイン
- マイクロファイバーのウエス3枚
- ゴム手袋

ピカピカ ポイント

▶ **カバーが取れないタイプの換気扇は**

フィルターが外せるなら取り出し、中性洗剤をかけてブラシ類で汚れをこすり落とし、水で洗い流す。カバーはぬらして固く絞ったウエスで汚れを拭く。フィルターが完全に乾いてから元に戻す。

換気扇のお掃除

① 換気扇カバーを外す。

② 中性洗剤をかけてブラシ類で汚れをこすり落とし、水で洗い流す。乾いたウエスで水気を拭く。

③ 換気扇のホコリを乾いたブラシで落とし、適量に薄めた中性洗剤を含ませて固く絞ったウエスで外側の汚れを拭き取り、ぬらしたウエスで水拭きして、乾いたウエスで拭く（換気扇内の機械部分はぬれないように注意）。

④ ②が乾いたら元に戻す。

＜注意！＞
＊換気扇の電源を切って行うこと。できれば浴室のブレーカーも落とす。

1
カバーが取れるタイプは引っぱると外せる。ホコリだらけなら掃除機で吸い取って。

2
カバーの汚れは主にホコリ。イリエツインなどで網目に詰まったホコリを落とそう。

鏡

うろこを落として、見えない鏡よさようなら

Before

何をしてもきれいにならない！
憎き鏡のウロコ〜！

業者は専門の機械で落とす、頑固なうろこ。蓄積すると難関！ 鏡用「茂木和哉」とウロコ用パッドが一番のおすすめ！

After

曇りなく姿が映る
ピカピカ鏡に！
このあとは予防が第一！

根気よく落としたあとは、日々の予防が大切。スクイジーでサッとひとぬぐいしてからお風呂を出よう。

鏡のお掃除

準備するもの
- 鏡用クレンザー
- スクイジー
- 吸水クロス
- ゴム手袋

① ゴム手袋を装着した手で、鏡用クレンザーを鏡に塗りながら円を描くようにこすり、水でしっかりと洗い流す。

② スクイジーで水気を切り、吸水クロスで残った水気を拭き取る。

クレンザーは研磨剤が入っているので、ゴム手袋で塗りながら磨くことができる。

あると便利！

「茂木和哉」
（レック）

通常の掃除では落ちないくらい頑固な水垢には、これがおすすめ。水垢落とし用に開発されたクレンザーで、頑固な水垢もピカピカに！ 弱酸性で肌にやさしいのも◎。

＜注意！＞
＊研磨剤の入った洗剤・クレンザーや、うろこ落としパッドは、曇り止め加工などの特殊加工された鏡、浴室以外の鏡やガラスには使用しないこと。

酸性や弱酸性の洗剤は金属などの変色の原因になることも。しっかりと水ですすごう。

50

極めるなら

鏡の表面のホコリや汚れを取ってからクレンザーを塗り、うろこ落としパッドでまんべんなくこする。水で洗い流して、スクイジーと吸水クロスで水気を取る。

プロはここまでやる！

うろこ落としパッドを電動工具「サンダー」に取りつけ、酸性洗剤をつけた鏡の水垢をこすり落とし、お湯で洗い流す。スクイジーと吸水クロスで水気を取る。

うろこ落としパッドは100均でも買えるが小さいため、大型の鏡だと大変。やや高いが業務用パッドが使いやすい。

頑固なうろこにはこの方法。「サンダー」を細かく振動させながら水垢をゆっくりこすり落とす作業はかなり大変。

あると便利！

鏡のうろこ落としパッド

研磨面に人工ダイヤモンドなどを配合したシート。研磨力が強く、石化した水垢を削り落とすことができる。ゴシゴシこすると鏡に傷がつくので、適度な力で少しずつ磨くのがコツ。

 ポイント

▶ **軽い水垢なら**
クエン酸水パックをトライ

水垢はアルカリ性。酸性のクエン酸をかけると中和して落ちやすくなる。クエン酸水（水200ml：クエン酸小さじ1の割合でまぜたもの）を吹きつけ、上からキッチンペーパーを貼り、さらにラップで覆って数時間置き、スポンジでこすってみよう。

きれいなお風呂に
ゆっくり浸かって
今日も一日
お疲れさまです

蛇口

酸性パワーで蛇口の輝きを取り戻そう！

Before
蛇口にも水垢！
曇っていて古びた印象に。

鏡ほどではないが蛇口の水垢も放っておくと落ちにくいもの。洗剤をつけ、傷つけないように落として。

After
シルバー部分のピカピカは
七難隠す！

シルバーの部分が光っているとぐっときれいな印象に。気がついたらサッと水気を拭くと、蓄積しません。

蛇口のお掃除

準備するもの
- 浴室用酸性洗剤
- ナイロン不織布たわし（傷がつきにくいタイプ）
- イリエツイン
- マイクロファイバーのウエス1枚
- ゴム手袋

1. ナイロン不織布たわしに酸性洗剤をつけ、蛇口の水垢をこすり落とす。
2. 蛇口の先端や各部品のつなぎ目、レバーハンドルの隙間はイリエツインを使って水垢をかき出す。
3. 水でしっかりと洗い流し、乾いたウエスで水気を拭く。

①

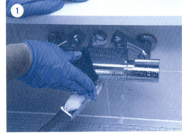

シートタイプのナイロン不織布たわしなら、蛇口の細かい部分も包み込んで洗うことができる。

②

蛇口の先端や、レバーハンドルを上げたときにできる隙間にも水垢が。忘れずにこすり洗いしよう。

 **ポイント**

▶ **蛇口にカビが生えたら**

蛇口のつけ根や裏などにたまった黒い汚れは黒カビ。塩素系漂白剤は金属にかけるとサビの原因になるので、重曹ペースト（水と重曹を1：2の割合でまぜたもの）をイリエツインにつけて黒カビ部分をこすって落とそう。

シャワー

シャワーヘッドは隠れた水垢スポット

Before

汚いシャワーから出た水は浴びたくない！

シャワーヘッド、シャワーの穴、ホース部分などシャワーまわりも汚れてきたら洗浄しましょう。

After

シャワーヘッドや水が出る穴も清潔に！

きれいな水で体を洗いたいからこそ、シャワーの掃除も大切。自宅のシャワーの素材を見極めて掃除して。

準備するもの

- 浴室用中性洗剤
- クエン酸
- ナイロン不織布たわし（傷がつきにくいタイプ）
- イリエツイン
- マイクロファイバーのウエス1枚
- キッチンペーパー
- ラップ
- ゴム手袋

シャワーのお掃除

① シャワーヘッドにクエン酸水（水100ml：クエン酸小さじ1の割合でまぜたもの）を吹きつけ、上からキッチンペーパーを貼り、さらにラップで覆って数時間置く。水垢をナイロン不織布たわしでこすり落とし、水で洗い流す。

1 水の吹き出し口に水垢がこびりついている場合は、イリエツインでこすって。

② ホース部分に中性洗剤をかけてナイロン不織布たわしやイリエツインで汚れをこすり落とす。

③ 乾いたウエスでシャワーヘッドやホースの水気を拭き取る。

2 ナイロン不織布たわしでホースを包んで左右に動かすと、汚れがスムーズに落ちる。

ピカピカ ポイント

▶ シャワーまわりの水垢

シャワーヘッドをかけるバーやフックも水垢がたまりやすい場所。金属製なら酸性洗剤を使えばピカピカに。プラスチック製の場合はクエン酸水パックを試して。

53

洗面台

毎日使う場所だから、マメに掃除して

Before

すぐに詰まる
洗面台の排水口!

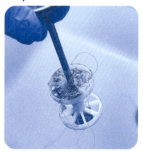

髪の毛、ぬめり、カビなどが主な汚れの原因。まずはティッシュなどで髪の毛をとり、汚れを見て、洗剤を使い分けて。

After

ぬめりまでスッキリ!
イリエツインが大活躍。

洗剤をかけたら、イリエツイン(または歯ブラシ)で汚れを取ると細かいところまでピカピカに。

準備するもの

- 浴室用中性洗剤
  (ぬめりなどが激しい場合は弱アルカリ性洗剤、水垢が目立つ場合はクエン酸水または弱酸性洗剤)
- ナイロン不織布たわし
  (傷がつきにくいタイプ)
  またはバススポンジ
- イリエツイン
- マイクロファイバーのウエス1枚
- ゴム手袋

① ナイロン不織布たわしに中性洗剤をつけ、蛇口全体をこする。水をかけて洗い流す。

② 排水栓を取り出し、髪の毛やゴミを取り除く。中性洗剤をつけたイリエツインで排水栓や排水口の汚れをこすり落とし、水ですすいで元に戻す。

③ 中性洗剤をつけたナイロン不織布たわしで洗面ボウル全体をこすり、水ですすぐ。

④ 乾いたウエスで蛇口や洗面ボウルの水気を拭き取る。

ピカピカ ポイント

▶ **洗面所の鏡は基本的に洗剤なしで!**

拭き跡が残りやすいので洗剤は使わず、ぬらしたウエスで拭いて、スクイジーと乾いたウエスで水気を取る。皮脂汚れが目立つ場合は中性洗剤をつけてぬれウエスで軽くこすり、水垢が目立つ場合はクエン酸水パック(p.51)を。

洗面台のお掃除

レバーハンドルの隙間や蛇口の下側も忘れずに。細かい部分はイリエツインでこすっても。

洗面ボウルのフチ裏も実は汚れている! ナイロン不織布たわしを当てて軽くこすってみよう。

<注意!> ＊材質によっては、弱アルカリ性洗剤、弱酸性洗剤の使用で変色することもあるので要確認。使用NGの場合は中性洗剤を使うこと。
＊特殊加工を施した鏡は、取扱説明書の記載に従って掃除を行うこと。

Column
洗濯機の掃除にチャレンジ！

長年使っていると汚れがたまってくるのが洗濯機。家庭で掃除するのはハードルが高そうだけど、実は中性洗剤や漂白剤（塩素系または酸素系）を使って、簡単にお手入れができる。

塩素系漂白剤は独特の臭いがするが、カビの殺菌効果があり、浮いてくるゴミが比較的少ないので短時間で効果を得たい人向き。一方、酸素系漂白剤は臭いがマイルドで扱いやすいが、発泡作用によりゴミがたくさん浮いてくるので、きれいになるまで時間がかかる。また、洗濯機によっては酸素系漂白剤はNGということもあるので、取扱説明書を確認しよう。

❶ 洗剤投入ケースやゴミ取りネットなどの部品が外せる場合は取り出す。中性洗剤をつけたイリエツインでこすって、汚れやたまった洗剤などを落とす。水ですすいで乾いたウエスで拭き、元に戻す。外せない場合はぬらしたウエスに中性洗剤をつけて汚れなどを拭き取り、さらにぬらしたウエスで水拭きする。

❷ 洗濯機の下はハンディモップなどでホコリを取り、汚れはイリエツインでこすり落とす。ぬらして固く絞ったウエスで洗濯機のふた、外側から洗濯機下まで拭く。

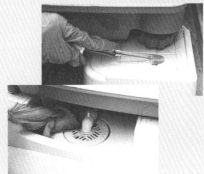

❸ 洗濯槽に60℃以上のお湯を満水の位置までためる。規定量（洗濯機の取扱説明書や漂白剤の表示を参照）の漂白剤を加え、5〜10秒ほど脱水モードにして排水ホース〜排水口まで漂白剤を行き渡らせて止める。再度満水の位置までお湯を足し、漂白剤も適量足す。

❹ 洗濯機に「槽洗浄コース」がある場合はそれを選択してスタートする。ない場合は標準の洗濯コースで30秒ほど回して止め、15分ほど置く。再び洗濯機を回し、途中でゴミやカビの塊が浮いてきたら網などですくって取り除く。終了したらまた標準の洗濯コースで回し、汚れが出てきたらすくう（これを汚れが出てこなくなるまで繰り返す）。

＜注意!＞
＊ドラム式洗濯機の場合、洗濯機の取扱説明書の記載に従って掃除を行うこと。
＊塩素系漂白剤を使用する際は換気をしっかりすること。酸性洗剤が混入すると有毒なガスが発生するので、絶対にまぜないこと。

Column

ペットがいる部屋の掃除はどうする?

ペットも人間も快適に暮らすために、毎日ささっと掃除する習慣を作ろう

抜け毛は家中に散っている!

ペットがいるご家庭でよく聞くお悩みが「抜け毛」。ペットを飼っている家の掃除に伺うと、意外な場所にまで抜け毛がたまっていて驚く。

それがエアコン。細い抜け毛は舞い上がって、天井近くまで及ぶ。抜け毛が詰まった結果、エアコンにカビが生えた……なんてケースもあるので、マメなフィルター掃除と定期的なプロへの掃除依頼がおすすめ。

日頃の掃除でも、照明やカーテンレールなど天井近くの抜け毛をはたきで落としてから床掃除へと移ろう。

抜け毛を放置するとハウスダストやダニ発生の原因となり、ペットの健康も人間の健康も害してしまう。ちゃんと掃除を、と思うと億劫になるので、粘着クリーナーやフローリングモップなど使いやすい道具を用意して、こまめに抜け毛を取ろう。

【これを用意しよう!】

粘着クリーナー

通称コロコロ。じゅうたんやラグはもちろん、布製のソファやクッションなどの抜け毛取りに大活躍。ペットが触れるカーテンも抜け毛がつきやすいのでコロコロして。

掃除機

ペットのいる家庭に掃除機は必需品。抜け毛対策として「吸込仕事率」の高い掃除機がおすすめ。気軽に使うならコンパクトなスティックタイプやハンディタイプが◎。

クエン酸

ペットのトイレ周辺に尿が散って臭うことも。そんなときはクエン酸水(水200ml:クエン酸小さじ1の割合でまぜたもの)を吹きつけて、乾いたウエスで拭き取りを。

重曹

床の拭き掃除などの際、洗剤の拭き残りをペットがなめたら心配という人は、重曹水(水500ml:重曹小さじ1の割合でまぜたもの)を洗剤がわりに。消臭効果もあり。

56

ペットがいる部屋のお掃除

1. 窓を開けて換気する。
2. 照明やカーテンレール、家具の上などにたまった抜け毛をはたきで払う。
3. フローリングモップで家具の下や床のホコリを取る。
4. 部屋全体に掃除機をかける。粘着クリーナーでじゅうたんやラグなどの抜け毛を取り除く。

PART 3

極上の
トイレ掃除

汚いトイレ、使いたいですか?
自分で使うトイレだからこそ、
きれいなトイレでありたいですよね。
汚れをためると、掃除もしたくなくなってしまいます。
なるべく触らず、業者レベルに
きれいになる方法を教えます。

トイレ掃除 のダンドリ

ふだん掃除コース　⏲ 3min　／毎日＼

＜順番例＞

便座・便器の中 ➡ **便器の外側・床**

トイレ用掃除シートで、便器のふた→便座の表→便座の裏→便器のフチの順に拭く。

便器の外側や床に尿が飛び散ったら、そのつどトイレットペーパーで拭き取る。

 ふだん掃除コース　⏲ 10min　／週1回＼

＜順番例＞

便器 »p.64 ➡ **便器の外側・床、手洗い器** »p.66~67

便器内に中性洗剤をかけてトイレブラシで便器のフチや内側の汚れをこすり落とす。

トイレ用掃除シートで床と便器の外側を拭く。手洗い器の汚れを中性洗剤で落とす。

 大掃除コース　⏲ 1h　／月1回＼

＜順番例＞

換気扇 »p.62 ➡ **便座・便器のふた** »p.63 ➡ **便器** »p.64

換気扇カバーはホコリや紙くずを取って水洗い。換気扇本体はウエスで拭き掃除する。

ブラシで便座の裏の汚れを落とす。トイレ用掃除シートでふたや便座の表を拭く。

便器のフチ裏にこびりついた尿石や、便器内、シャワーノズルの汚れをこすり落とす。

手洗い器 »p.67　　**便器の外側・床** »p.66

蛇口や洗面ボウルの汚れをこすり洗いし、蛇口や吐水口のまわりの水垢を落とす。

トイレ用掃除シートで床と便器の外側を拭く。便器と床の隙間の黄ばみを落とす。

お風呂場の主な汚れ

尿石・水垢 ＼これで落ちる！／
激しい汚れは<u>酸性洗剤</u>
軽い尿石なら<u>クエン酸</u>でも

菌・臭い ＼これで落ちる！／
<u>トイレ用掃除シート</u>
<u>除菌シートやスプレー</u>

（主な道具）
・トイレブラシ
・イリエツイン
・ウエス
・手袋

換気扇

ホコリがたまると悪臭が出ていかない！

Before
換気必須な
トイレの換気扇。
臭いトイレは勘弁！

After
これでクリアな空気に
入れ換え！

天井からの取り外しを頑張れば、あとはまるっと水洗い。
ホコリは掃除機などではじめに吸い取って。

お風呂場の換気扇と同様、付け替えタイプの換気扇シートをつけておくと次の掃除がラクラク。

準備するもの

- 浴室用中性洗剤
- ツインブラシ
- イリエツイン
- 掃除機
- マイクロファイバーのウエス3枚
- ゴム手袋

あると便利！

**使い捨て
換気扇カバー（フィルター）**

台所の換気扇同様、トイレやお風呂の換気扇も市販のカバーをすると掃除がラクになる。シール状のものなら取りつけも簡単。

換気扇のお掃除

❶ 換気扇カバーを取り外し、ホコリや紙くずを掃除機で吸い取る。

❷ ブラシ類に中性洗剤をつけて汚れをこすり落とし、水で洗い流す。乾いたウエスで水気を拭く。

❸ 換気扇のホコリを乾いたブラシで落とす（内部はぬらさない）。本体部分は、適量に薄めた中性洗剤を含ませて固く絞ったウエスで汚れを拭き取り、ぬらしたウエスで水拭きして、乾いたウエスで拭く。

❹ ❷が乾いたら元に戻す。

＜注意！＞
＊換気扇の電源を切って行うこと。できればトイレのブレーカーも落とす。

トイレの換気扇はトイレットペーパーの繊維クズがびっしり。水洗い前に取り除こう。

水気が残ったまま元に戻すとカビの原因に。洗ったあとはしっかり拭いて完全に乾かそう。

便座・便器のふた

表は手垢、裏は尿ハネ。便座は汚れがいっぱい

Before
特に便座クッションの
黄色いシミ！
染みついて落ちない〜！

After
黄ばみも
真っ白ピカピカに。
汚れはためないこと！

特にクッション部分は色素沈着しやすいので注意。落ちない場合はパック技を使って。

汚れを怖がらずに、こまめに便座を上げて掃除すること。本当に怖いのは汚れが蓄積した便座！

便座・便器のふたのお掃除

準備するもの
- トイレ用中性洗剤
- トイレ用掃除シート（流せるタイプ）
- アルカリ電解水
- トイレブラシ
- イリエツイン
- マイクロファイバーのウエス1枚
- キッチンペーパー
- ゴム手袋

① ブラシ類に中性洗剤をつけて、便座の裏や便器のふたとの接合部分などの汚れをこすり落とし、ぬらしたウエスで水拭きする。

② 便器のふたや便座の表は掃除シートで拭く。ベタベタした手垢が落ちない場合は、アルカリ電解水をキッチンペーパーに吹きつけたもので拭き取り、ぬらしたウエスで水拭きする。

1

便座裏のこの部分は尿が付着しやすい場所。放置すると黄ばむので、マメに掃除を。

2

乾いたトイレットペーパーで便座を拭くと傷がつくので×。シートをトイレに常備して。

ピカピカポイント

▶ **便座裏の黄ばみは？**

黄ばみの原因はアルカリ性の尿。中和するためにクエン酸水（水200ml：クエン酸小さじ1の割合でまぜたもの）でパック(p.51)を。15分ほど置いたらブラシ類でこすり、ぬらしたウエスで水拭きする。

＜注意！＞
＊温水洗浄便座の場合は、掃除の前に電源を切っておくこと。

便器

フチ裏をのぞいてみたら、尿石がびっしり！？

Before

サボったぶんだけ
リングが〜！！
飛びはねも汚い！

トイレ用の中性洗剤を回しかけて。頑固な汚れの場合は、サンポールなどのトイレ用酸性洗剤を。

After

便器の中は隅々まで
ピカピカが理想！

触りたくない便器の中はトイレブラシで。衛生的な流して捨てるタイプも売っている。使い捨てできるイリエツインも◎。

準備するもの

- トイレ用中性洗剤
 （黄ばみや尿石が目立つ場合はトイレ用酸性洗剤）
- トイレ用掃除シート
 （流せるタイプ）
- クエン酸
- トイレブラシ
- イリエツイン
- ゴム手袋

便器のお掃除

1 便器内にまんべんなく中性洗剤をかけてトイレブラシで便器のフチ裏の汚れをこすり落とす。黄ばみや茶色く固まった尿石が目立つ場合は酸性洗剤をかけてこする。

フチ裏の汚れが激しいなら、トイレットペーパーをフチに敷き詰めて酸性洗剤をかけよう。

プロはここまでやる！

それでも尿石が落ちない場合は、ゴム手袋をはめて耐水ペーパーを手にのせ、便器のフチに沿わせてこする。便器が傷つく恐れもあるので強くこするのはNG。水にぬらして、汚れの表面をなでるようにこする。

耐水ペーパー

あると便利！

紙やすりの一種で、使用時は水をつけて磨く。目の粗さを「○番」という数値で表し、数字が大きくなるほど目が細かくなる。なるべく便器を傷つけたくないなら1200番以上がおすすめ。100均でも購入可能。

② 便器の底にトイレブラシを当て、上に向かって汚れをこすり落とす。

③ シャワーノズルの掃除ボタンを押してノズルを出す。ボタンがない場合は先端をつまんで引き出す。ノズルに中性洗剤をかけてイリエツインで汚れをこする。黄ばみや汚れが目立つ場合、クエン酸水（水200ml：クエン酸小さじ1の割合でまぜたもの）を吹きつけてトイレットペーパーで巻き、再びクエン酸水をかけて15分ほど置く。イリエツインで汚れをこすり、掃除シートで拭き取る。

汚れがたまりやすい便器の奥もこすれるように、柄が長くヘッドが小さいトイレブラシを選んで。

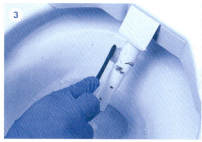

イリエツインはノズルの汚れを落とすのに最適。使い終わったら気兼ねなく捨てられるのもうれしい。

ピカピカポイント

▶ **ノズルのつけ根も忘れずに**

水垢がたまりやすいのがノズルが出てくる場所。クエン酸水を吹きつけて、イリエツインで細かく汚れをかき出す。最後に掃除シートで拭き取ること。

＜注意！＞
＊酸性洗剤を使用する際は換気をしっかりすること。
＊便器の材質や表面加工によっては、酸性洗剤の使用で傷むこともあるので要確認。
＊ノズル以外の掃除は電源プラグを抜いてから行うこと。

もっとマメに掃除するために

「トイレブラシは不衛生で触りたくない」。そんな方におすすめなのが、市販の使い捨てトイレブラシ。気軽に掃除できる環境を整えれば、汚れもたまらなくなるはず。取替用のブラシを割り箸に挟んで使えば、まるごと使い捨ても可能！

あると便利！

便座用取っ手
便座に直接触らずに上げ下げができるアイテム。男性がいる家庭などは頻繁に掃除していても便器や便座が汚れがちなので、これがあると衛生的。

便座の隙間パッド
便器のフチに貼る吸水パッド。尿が当たりやすい場所に貼ることで、飛び散りを防ぐことができ、掃除がラクに。汚れたらすぐに取り替えられるのも◎。

便器の外側・床

尿の飛び散りはアンモニア臭の原因に

Before
目に見えなくても
実は「尿はね」で
おぞましく汚い床！

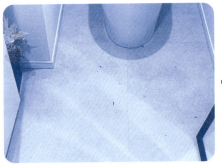

目に見えなくても細かい尿はねが実はおびただしくついているトイレの床。流せるタイプのトイレシートが便利。

After
髪やホコリはもちろん、
尿はねもきれいに拭いて
除菌も完璧に！

便器まわりも流せるタイプのトイレシートで。トイレの床は毎日きれいに保ちましょう。

便器の外側・床のお掃除

○ 準備するもの
- トイレ用掃除シート（流せるタイプ）
- ゴム手袋

① 掃除シートでトイレの床を拭き、便器の外側も拭く。

男性がいる家だとトイレの壁の下方にも尿の飛び散りが。壁の上から下へとシートで拭こう。

尿はねなどの汚れが目立つなら、クエン酸水を吹きつけて水拭き→から拭きするとよい。

ピカピカ ポイント

▶ **便器と床の隙間が黄ばんでいたら**

便器からたれた尿がたまりやすいのが、ここ。クエン酸水（水200ml：クエン酸小さじ1の割合でまぜたもの）を吹きつけてイリエツインで汚れをこする。ぬらしたウエスで拭き取り、乾いたウエスで水気を拭く。

あると便利！

高機能トイレマット

頻繁に尿汚れが発生する家なら、消臭・抗菌加工を施されたトイレマットを敷くのも手。洗濯可能なものか、使い捨てのものを選ぶとお手入れもラク。

66

手洗い器

吐水口や手洗い器まわりの水垢もすっきり落として

Before
リングまわりに
ピンクぬめりが発生する
ことも。

After
手洗いボウルの中も
シルバー部分も美しく！

水垢とカビが主な汚れ。浴室用の中性洗剤またはクエン酸を使いましょう。

蛇口のシルバーや、鏡がついている場合は鏡を拭くのも忘れずに。

準備するもの

- 浴室用中性洗剤
- 水垢がひどければクエン酸水
- ナイロン不織布たわし（傷がつきにくいタイプ）
- キッチンペーパー
- マイクロファイバーのウエス1枚
- ゴム手袋

ピカピカポイント

▶ **水で流しにくい場合は水拭きで**
洗剤やクエン酸をつけたまま長時間放置すると、素材を傷めてしまう可能性も。手洗い器が小さくて水で洗い流しにくい場合は、ぬらしたウエスでしっかり拭き取ろう。

手洗い器のお掃除

① ナイロン不織布たわしに中性洗剤をつけ、蛇口や手洗い器をこすり、水で洗い流す。

② 蛇口や吐水口のまわりなどに水垢がたまっていたらクエン酸水（水200ml：クエン酸小さじ1の割合でまぜたもの）を吹きつけてキッチンペーパーをかぶせ、再びクエン酸水をかけて15分ほど置く。ナイロン不織布たわしで汚れをこすり、水で洗い流す。

③ 乾いたウエスで蛇口や手洗い器の水気を拭き取る。

①やわらかいナイロン不織布たわしなら傷つけにくい。軽い汚れならウエスでも。

②吐水口のまわりによく現れる茶色の汚れの原因は水垢！　クエン酸の力で落とそう。

<注意！>＊手洗い器の材質によっては、ナイロン不織布たわしだと傷つく場合もあるので、目立たない場所で試してから使用すること。傷がつくならスポンジやブラシに変更を。

Column

玄関掃除で家の印象は決まる！

玄関は家の顔。意外に見られている！ ピカピカな状態で人をお迎えしよう

玄関掃除はテクニックいらず

来客はもちろん、宅配便やデリバリーなど、意外に人の出入りが多いのが玄関。靴が出しっぱなしで届いたダンボールが山積み、床も泥だらけ…という状態だと「家の中も汚そう」なんて判断されてしまうかも。

玄関は毎日人が行き交うし、外からホコリや泥などが入ってくるのでどうしても汚れやすいが、油のようなしつこい汚れではないから掃除自体は簡単。

本格的に掃除すると数時間かかるが、5分の掃き掃除だけでもきれいに見える。少ない労力で印象が上がる、コスパのよい場所だとも言える。

掃除以前にモノが多いと雑然として見えるので、靴や傘、荷物などを整理して、出すのは最低限にしよう。モノが少ないと掃除の効率もアップするはずだ。

【これを用意しよう！】

ほうき&ちりとり

玄関の汚れの大半は土や砂ボコリ。ほうきとちりとりで掃き取るだけでもかなりきれいになった印象に。狭い靴箱の中を掃除する際はミニほうきもあるとやりやすい。

マイクロファイバーのウエス

極細繊維でできたマイクロファイバーのウエスなら、細かな汚れもかき出せる。玄関の掃除に使うと非常に汚れるので、他の場所で使い古したウエスを利用するとよい。

メラミンスポンジ

ほうきで掃くだけでは落ちない黒ずみは、メラミンスポンジでこするとよく取れる。洗剤を使わなくてもいいのですすぎもラク。ただし床の素材が大理石の場合は使用NG。

デッキブラシ

玄関の床の素材によっては、メラミンスポンジがボロボロと削れてしまうことも。そんなときはブラシでこすろう。デッキブラシなら、しゃがまずに掃除できるのでラク。

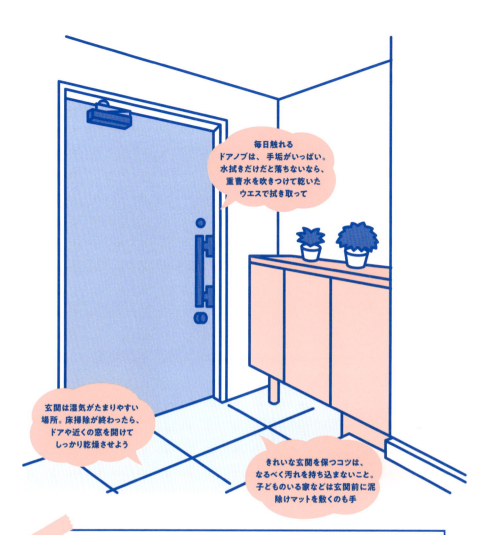

玄関のお掃除

1. 玄関のドアノブを水で濡らしたウエスで拭く。

2. 靴箱に入っているものをすべて出す。靴箱の中のホコリやゴミを、ミニほうきで掃き出すか、掃除機で吸い取る。水でぬらしたウエスで靴箱の外側と内側の汚れを拭き取り、乾いたウエスで水気を取る。扉を開けたまま中を乾かし、靴を戻す。

3. ほうきとちりとりで床に落ちている土やゴミを掃き取る。

4. 床がつるつるした素材なら、黒ずみがある場所を水をつけたメラミンスポンジでこする。床がざらざらした素材なら、黒ずみに水を少量たらし、デッキブラシでこする。ぬらしたウエスで汚れを拭き取り、乾いたウエスで水気を取る。

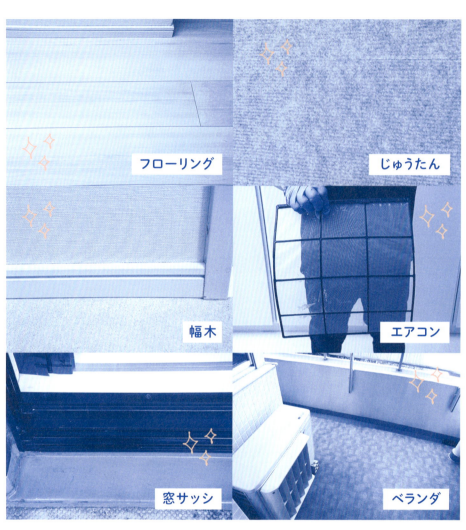

PART 4

いまさら聞けない リビング掃除

「リビングってどこを掃除したらきれいになる?」
「片づけをするのに精いっぱい」
そんな声を耳にします。
確かに、片づけをすれば"一見"きれいに見えます。
その先にある掃除ポイントを押さえることで、
清潔感のあるホテルライクな部屋になるはず!

リビング掃除 のダンドリ

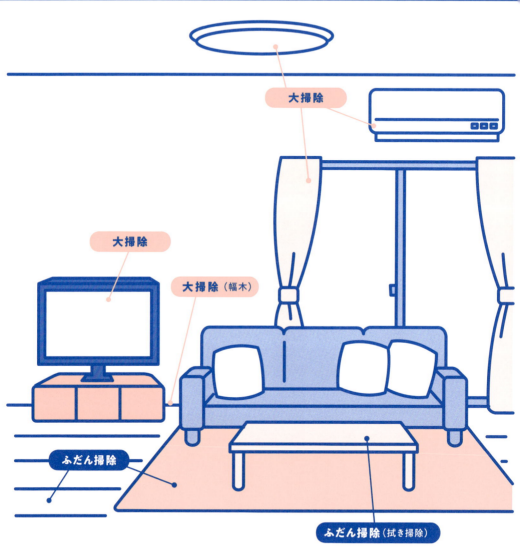

（主な道具）
- フローリングモップ
- 掃除機
- ミニほうき
- マイクロファイバーのウエス
- イリエツイン

ふだん掃除コース ⏱ 3min / 週2〜3日

フローリング

フローリングモップで髪の毛やホコリを取り、油はね等をウエットティッシュで拭く。

 ふだん掃除コース ⏱ 20min / 週1回

<順番例>

テレビ・テレビ台・リモコン »p.78〜79
テレビやテレビ台はホコリを払ってから拭き。リモコンはホコリや食べかすなどを取る。

→ **幅木** »p.81
ミニほうきで幅木の上のホコリを払い、掃除機で吸い取る。黒ずみをこすり落とす。

→ **じゅうたん・ラグ** »p.76
掃除機をかけ、粘着クリーナーで髪の毛を取る。シミがついたらその都度すぐに落とす。

 大掃除コース ⏱ 30min / 月1〜2回

<順番例>

フローリング »p.74
中性洗剤を薄めた水でぬらして固く絞ったウエスで拭き掃除し、水拭き→から拭きする。

→ **じゅうたん・ラグ** »p.76
中性洗剤を薄めた水でぬらして固く絞ったウエスで全体をたたき、水拭き→から拭きする。

→ **エアコン** »p.80
エアコンの表面は水拭き。フィルターのホコリを取り、中性洗剤をつけて水洗いする。

 大掃除コース ⏱ 3h / 汚れてきたら

<順番例>

照明 »p.82
ホコリを払い、中性洗剤を含ませたウエスでシェードを拭き、水拭き→から拭きする。

→ **網戸** »p.84
ホコリを払い、手に中性洗剤を含ませた軍手をはめてこすり洗いし、水拭きする。

→ **窓ガラス・窓枠** »p.86
中性洗剤を薄めた水でぬらしたウエスで窓ガラスを拭き、スクイジーで水気を切る。

窓サッシ・レール »p.88
ホコリやゴミを掃き出し、溝にたまった汚れを拭き取る。乾いたウエスで水気を拭く。

ベランダ »p.90
ゴミを掃き取る。デッキブラシで汚れをこすり、水で流す。室外機などは拭き掃除する。

💬 自宅のリビングに合わせてコースを考えてね

 リビングの主な汚れ

ホコリ \これで落ちる！/ 洗剤不要！道具で取り除く

油はね・皮脂汚れ \これで落ちる！/ 中性洗剤

フローリング

フローリングはなるべくぬらさず汚れを落とす

Before

ホコリ、髪の毛、ペットの毛、
食べこぼし、飲みこぼし…
すぐに汚れてうんざり

After

フローリングモップや
ウエットティッシュを
常備して気軽にササッと！

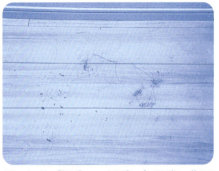

ちり、ホコリ、髪の毛、ペットの毛、食べこぼし、飲みこぼしなどは、日々拭き取れば落ちやすい汚れ。

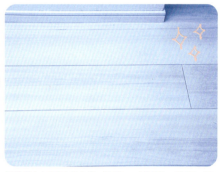

掃除機ももちろんですが、気がついたらそのつどフローリングモップやウエットティッシュでの掃除ぐせをつけて。

フローリングのお掃除

準備するもの

- フローリングモップ
  （使い捨てシートタイプ）
- 台所用中性洗剤
  （汚れが落ちない場合は
  弱アルカリ性洗剤）
- ナイロン不織布たわし
  （傷がつきにくいタイプ）
- ウエットティッシュ
  （ノンアルコールタイプ）
- ゴム手袋

① フローリングモップで髪の毛やホコリを取る。

② 油ハネや食べこぼしなど気になる汚れはウエットティッシュでさっと拭き取る。

<注意!>
＊ワックスがけしていないフローリングは掃除方法が異なるので、取扱説明書等を確認すること。
＊洗剤やたわしによりワックスがはがれることがあるので目立たない場所で試して。

フローリングモップだと砂や大きなゴミは取れないので、時々掃除機もかけるとgood。

食べこぼしはそのつど拭くのがポイント。洗剤やウエスを使わなくてもさっと落ちる。

3. 固まって落ちない食べこぼしなどの汚れは、水と中性洗剤をつけたナイロン不織布たわしを当てて軽くこする。

4. ウエットティッシュで洗剤と汚れを拭き取る。

床のベタつきが気になるなら

皮脂汚れや油ハネなどで床全体がベタベタするなら、バケツにためた水に台所用中性洗剤を数滴たらしてウエスを浸し、固く絞って拭き掃除をする。ぬらしたウエスで洗剤を拭き取り、乾いたウエスで水気を取る。水拭きはワックスが落ちる原因となるので、月1回程度で十分。

ゴシゴシこすると床に傷が。中性洗剤で汚れを浮かせてあまり力を入れずに落とそう。

洗剤や水気が残るとフローリングにダメージが。「拭き取る」のひと手間が大事。

ピカピカポイント

▶ ワックスを長持ちさせるために

アルコールはワックスを溶かすので、アルコール除菌スプレーを吹きつけるのはNG。ウェットティッシュもノンアルコールタイプを選ぼう。アルカリ性の強い洗剤やメラミンスポンジもワックスが落ちるので使わないこと。

ピカピカポイント

▶ 床の光沢がなくなってきたら

床を傷から守り、汚れをつきにくくしてくれるワックス。床がくすんできたらかけ直そう。ワックスは種類が多く、材質によって適したものが異なるので、床材の取扱説明書を確認すること。手間や労力がかかるので、プロに依頼するのも手。

床を磨いて人生磨き。ホコリをとって誇り高く生きよう。

キッチン編 / お風呂編 / トイレ編 / リビング編

75

じゅうたん・ラグ

ホコリやダニ……奥に入り込んだ汚れを取る!

Before	After
またやってしまった こぼしジミ!	こぼした汚れの種類を 考えて落とせば、一発!

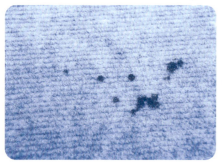

シミは、シミに合わせた落とし方を次のページでご紹介。ゴミ、ホコリ、髪の毛などは掃除機におまかせ。

じゅうたんやラグは、目に見えないダニなどの心配もあるので、こまめに掃除機がけを行い、洗えるタイプは洗って。

じゅうたん・ラグのお掃除

準備するもの
・掃除機
・粘着クリーナー

① じゅうたんやラグの毛並みと逆方向(なでたときに色が濃くなるほう)に、毛を起こすように掃除機をかける。

② 粘着クリーナーでじゅうたんに絡みついた髪の毛を取る。

じゅうたんの毛を押さえつけてしまうと、奥に入り込んだゴミが取れない。「毛を起こす」を意識。

ピカピカ ポイント

▶ **表面の汚れが気になるとき**

ドライマーク用中性洗剤を100倍に薄めた液(水500ml:中性洗剤小さじ1の割合でまぜたもの)にウエスを浸して固く絞り、じゅうたんを毛並みに沿ってたたくように拭く。ぬらしたウエスで洗剤を拭き取り、乾いたウエスで水気を取る。湿気はカビやダニ発生の原因となるので、水拭きは月1回程度にし、できればあわせて陰干しを。

ピカピカ ポイント

▶ **ゴム手袋を使ってさらにきれいに**

掃除機をかける前に、ゴム手袋をはめた手でじゅうたんをくるくると円形になでてみよう。静電気の作用でじゅうたんの奥に絡みついた髪の毛やホコリが、おもしろいように取れる。

液体のシミがついたら

できるだけ早く取ることが大事。しょうゆやソース、ワイン、ジュースなど液体なら、下記の方法を試してみよう。

①ティッシュでこぼしたものを吸い取る。ゴシゴシこすると汚れが広がるのでNG。表面をたたくようにして吸わせる。

②残ったシミに水をかけ、きれいなウエスをのせてその上から掃除機をかける。ウエスにシミの色が移るまで②を繰り返す。

油分がまざったシミがついたら

マヨネーズ、バターなど油分の入ったものなら、下記の方法で。じゅうたんが色落ちすることもあるので目立たない部分で試してから行おう。

①ティッシュでこぼしたものをさっと拭き取る。残ったシミに水をかける。

②マニキュアの除光液をつけたウエスでシミが抜けるまでたたく。水でぬらして固く絞ったウエスで汚れや除光液を拭き取る。

ピカピカ ポイント

▶ 畳のお手入れはどうする？

畳の目に沿ってほうきや掃除機をかけ、乾いたウエスで表面を拭く。畳は湿気に弱いので、水拭きは汚れがひどいときに限り、固く絞ったウエスで行う。畳専用の掃除シートを利用するのも手。食べこぼしでシミができたらティッシュなどで拭き取り、残ったシミに小麦粉を振りかけて汚れを吸わせ、掃除機で吸い取る。さらに水でぬらしたウエスで拭き、表面を乾かす。

> バイ菌洗浄、心も洗浄。くつろぎのおうち時間を。

キッチン編　お風呂編　トイレ編　リビング編

テレビ・テレビ台

テレビ画面はデリケートなので要注意！

Before
よくよく見ると
手垢やホコリが…
油分を含んだ手垢が落ちない！

特に子どもがいるご家庭の場合、手の届くところにテレビがあると、手垢がつきやすいのでマメに掃除を。

After
クロスを使ってやさしく
拭き、クリアな画面に！

液晶はデリケートなので、くれぐれも壊さないように。クロスを使い、薄めの洗剤をつけても、水分は十分絞って。

準備するもの

- 台所用中性洗剤
- はたきまたはハンディモップ
- クリーニングクロス
- マイクロファイバーのウエス1枚
- ゴム手袋

あると便利！

クリーニングクロス
液晶画面などのOA機器についた汚れを落とすのに適したクロス。超極細繊維が使用され、傷をつけずに汚れを落とすことができる。メガネ拭き用のクロスでも代用できる。

テレビ・テレビ台のお掃除

① はたきまたはハンディモップでテレビやテレビ台のホコリを払う。テレビの裏や配線にたまったホコリも払う。

② テレビ本体や画面をクリーニングクロスで乾拭きする。手垢が目立つ場合は、中性洗剤を100倍に薄めた液（水500ml：中性洗剤小さじ1の割合でまぜたもの）にクロスを浸して固く絞り、汚れを拭き取る。すぐに乾いたウエスで水気を拭く。

③ テレビ台を乾いたウエスで拭く。

＜注意!＞
＊テレビは電源プラグを抜いてから掃除を行うこと。

静電気を除去する「除電タイプ」のモップなら、ホコリの再付着も防げるのでおすすめ。

液晶画面はアルコール除菌スプレーやクレンザーはNG。ティッシュも傷がつく恐れがあるので×。

78

リモコン

ボタンの間は食べカスやホコリがいっぱい

Before
ボタンを指で触ったり
溝にゴミが入りやすいリモコンは
意外と汚れている！

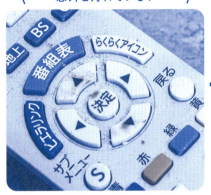

テレビ、エアコンなど家電のリモコンは使う頻度が多いほど汚れています。食べカスや油、ホコリも詰まりの原因。

After
細かい汚れは
綿棒＆つまようじで
やさしく

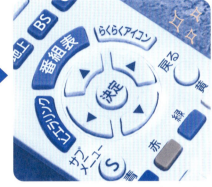

機械なのでこちらも壊さないよう繊細に扱って。汚れが詰まらないよう、そっとかき出しながら掃除して。

リモコンのお掃除

準備するもの
・つまようじ　・綿棒

＜注意!＞
＊乾電池を外してから掃除を行うこと。

① ボタンと本体の隙間に入り込んだホコリや食べカスをつまようじで取り除く。

② 手垢や食べこぼしなどの汚れは軽く湿らせた綿棒でこすり取る。

① やや面倒だが、故障のリスクが少ないのはこの方法。テレビを見ながらこまめに取ろう。

全体が汚れている場合は

台所用中性洗剤を100倍に薄めた液（水500ml：中性洗剤小さじ1の割合でまぜたもの）にウエスを浸し、固く絞ってリモコン全体を拭く。乾いたウエスで水気を拭く。

② 黒ずみは重曹水を綿棒につけてこすってみよう。リモコン内に水分が入らないように注意。

エアコン
エアコンがホコリやカビをまき散らしているかも！？

Before
定期的に掃除をすべき
エアコンのフィルター

After
やろうと思えば
家でも簡単に取り外して
掃除できる！

 →

エアコンのフィルターは難易度が高そうですが、家庭用のタイプなら自分でも案外手軽に取り外せる。

食器を洗う中性洗剤でまる洗いしてOK。ウエスはあとからオキシ漬けかまる洗いする覚悟でバンバン使おう！

準備するもの

- 台所用中性洗剤
（油汚れやタバコのヤニが取れない場合は弱アルカリ性洗剤）
- ツインブラシ
- 掃除機
- マイクロファイバーのウエス2枚
- ゴム手袋

 ピカピカポイント

▶ **エアコン内部の掃除はプロに依頼を**

複雑な構造のエアコン内部。一般家庭で分解掃除をすると故障したり、漏電して発火する恐れも。できれば年に1回、6月の梅雨入り前にプロに掃除を依頼するのがおすすめ。

エアコンのお掃除

① お湯でぬらして固く絞ったウエスでエアコンの表面や、吹出口、手の届く範囲でルーバー（羽根）を拭く。

② 前面パネルを開き、掃除機でフィルター表面のホコリを吸い取り、フィルターを取り外す。

③ フィルターの裏面からシャワーで水またはお湯をかけて汚れを落とし、中性洗剤をつけたツインブラシでやさしくこする。水で洗い流し、乾いたウエスで水気を拭く。完全に乾いてから元に戻す。

＜注意！＞
＊電源プラグを抜いてから掃除を行うこと。
＊フィルター掃除機能がついているエアコンの掃除方法は取扱説明書を参照すること。

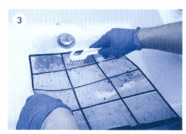

フィルターの表面（外側）からシャワーをかけると網目に汚れが詰まるので、裏面からかけて。

ぬれたままのフィルターをエアコンに戻すとカビの原因になるので、しっかり乾かそう。

幅木

床と壁の間のあの部分、実はホコリだらけです

Before
床がきれいでも台なし！ここも忘れずに。

ホコリ、髪の毛、ペットの毛などが積もってしまう幅木。掃除機やほうき、またはイリエツインを使えばラクラク。

After
印象がガラリとチェンジ！

ここで差がつく幅木掃除。毎日でなくても、床掃除の際は幅木も要チェック。

幅木のお掃除

準備するもの
- リビング用中性洗剤（汚れが落ちない場合は弱アルカリ性洗剤）
- ミニほうきかイリエツイン
- 掃除機
- マイクロファイバーのウエス3枚
- ゴム手袋

① ミニほうきで幅木の上にたまったホコリを払い、掃除機で吸い取る。

② 汚れがたまって黒ずみが残ってしまったら、水でぬらしたウエスに中性洗剤をつけてこする。ぬらしたウエスで洗剤を拭き取り、乾いたウエスで水気を取る。

1
ホコリを払うだけでもかなりきれいに。床に掃除機をかけるついでに幅木も掃除しよう。

2
壁と幅木の隙間のコーキングがホコリを吸着すると黒ずみに。こすり洗いで落として。

あると便利！

ミニほうき
幅木や部屋の隅、卓上など、掃除機だと届かないような場所のホコリを取るのに便利。サッシブラシ（p.88）などを使ってもOK。

キッチン編 / お風呂編 / トイレ編 / リビング編

照明

汚れた照明は明るさが低下して電力のムダに

Before
傘タイプの照明はつけたときにホコリやゴミが目立つ！

照明はいろいろなタイプがありますが、上から吊るすタイプは特に、ホコリがたまると部屋に舞ってしまいます。

After
照明のホコリを落とすと、空中のハウスダストも軽減

照明の掃除をするときは必ず電源を切って。材質に合わせてやさしく掃除しましょう。

照明のお掃除

準備するもの
- リビング用中性洗剤
- はたきまたはハンディモップ
- フローリングモップ
- マイクロファイバーのウエス3枚
- ゴム手袋
- 脚立

① はたきまたはハンディモップでホコリを払う。

② プラスチック、ガラス、ホーローなど水で洗える素材のシェードは、水でぬらして固く絞ったウエスに中性洗剤を含ませて汚れを拭く。ぬらしたウエスで洗剤を拭き取り、乾いたウエスで水気を取る。プラスチックやガラス製のシェードで取り外せる場合は、浴室などでスポンジに中性洗剤をつけてこすり、水で洗い流して乾いたウエスで拭いてもOK。

<注意!>
＊照明器具の電源を切り、熱が冷めてから行うこと。
＊感電する恐れがあるのでぬれた手で照明器具を触らないこと。
＊照明の素材や形状によって掃除方法が異なる場合もあるので、取扱説明書等を確認すること。

いきなり水拭きから始めると汚れを広げてしまうだけなので、まずはホコリを落とそう。

ホーローなど金属製のシェードは水分が残るとサビの原因になるので、水気はしっかり取ること。

❸ ペンダントライトの場合、乾いたウエスでコードを狭み、上下に動かして拭く。

❹ 蛍光灯や電灯を外し、乾いたウエスで拭いてホコリを取り、再びつける。

❺ 床に落ちたホコリをフローリングモップで取る。

ピカピカポイント

▶ **シーリングライトは掃除機も用意**

天井に直接取りつけるシーリングライトは内部に入り込んだ虫の死骸がたまりがち。シェードを外したら、掃除機で虫やゴミを吸い取ってから拭き掃除を。虫が寄りつきにくいLED電球に変えると掃除がラクに。

安定した場所に脚立を置いて行うこと。コードを引っぱると危険なので、無理のない範囲で。

照明掃除はかなりホコリが落ちるので、フローリングの掃除の前に行うと効率がよい。

水で洗えないシェードなら

木製や布張り、紙張りなど水で洗えない素材のシェードは、はたきでホコリを払って、乾いたウエスで汚れを拭き取る。装飾など細部にたまったホコリは、やわらかいブラシを使うと落としやすい。

きれいなリビングから見た景色は絶景！マインドも変わる。

網戸

網目に詰まったホコリを落として視界良好！

Before
見えにくいが
指でこすると
真っ黒！！！

After
視界もクリアで
風通しも良好！

風で運ばれる砂やホコリ、車の排気ガスが蓄積すると網目に詰まって触ると真っ黒に。表裏両方から汚れを挟み撃ち。

網戸が清潔だと、子どもやペットのいるご家庭でも黒い汚れがつかず、きれいな空気を通すことができて安心。

網戸のお掃除

準備するもの
- 食器用中性洗剤
- はたきまたはブラシ
- 掃除機
- バケツ
- マイクロファイバーのウエス1～2枚
- 軍手
- ゴム手袋

① はたきまたはブラシでホコリを払い、掃除機で吸い取る。

② バケツに水をためて中性洗剤を数滴たらす。ゴム手袋を装着し軍手をはめ、バケツの水に浸す。

③ 両手で網戸をはさむようにして軽くこすり洗いする。

軍手はイリエツインを作った残りを有効利用。手荒れ防止にゴム手袋を重ねるのを忘れずに。

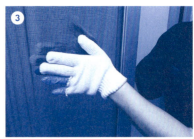

軍手だと雑巾よりも網戸を挟んでこすりやすく、細かい部分の汚れも落とせるので便利。

 ポイント

▶ **両側からこすって汚れを逃さない！**
片側だけこすると、網目を通して反対側に汚れが逃げてしまうので、両手で挟んで汚れを受け止めるのがポイント。上下左右に動かすとよく落ちる。

④ 手のひら側が汚れたら手の甲側を使い、時々バケツの水で軍手を洗いながら、網戸全体をこする。

⑤ 水でぬらしたウエスで洗剤を拭き取る。

網戸は土ボコリで汚れているので、軍手がすぐ真っ黒に。汚れを広げないようにマメにバケツで洗うとよい。

ピカピカ ポイント

▶ **ホースの水が使えるなら**

網戸の主な汚れはホコリ。水をたくさん流しても迷惑にならない環境なら、ホースで水を勢いよくかけるだけでも、水圧で汚れがかなり取れる。

ホースやバケツで水をかけてすすぐのが難しい場合は、水拭きで網目にたまった洗剤や汚水を拭き取ろう。

あると便利！

網戸掃除用ロングブラシ

最近は網戸が外せないことも多く、窓の大きさや位置によっては手が届かない、ということも。そんなときは柄の長いロングタイプの網戸ブラシを用意しよう。洗剤不要のタイプだと洗剤を落とす手間が省けるので、さらにラク。

網戸には気づかない汚れがいっぱい。人生もわからないことだらけ。日々勉強です。

窓ガラス・窓枠
スクイジーを使えば拭き跡が残らずピカピカ

Before
窓がくもっていると
どんより。

After
ピカピカの窓は
気分まで上げてくれる♪

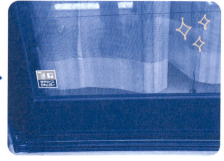

窓掃除は大掃除の醍醐味。逆に水跡がついて汚くなってしまった、なんてことがないように、要領をおぼえて。

窓は表裏しっかり。窓を拭いたら、窓枠も忘れず磨いて。

窓ガラス・窓枠のお掃除

準備するもの
- 台所用中性洗剤　・バケツ
- マイクロファイバーのウエス3〜4枚
- スクイジー　・ゴム手袋

① 窓ガラスの外側から掃除する。バケツに中性洗剤を100倍程度に薄めた液（バケツの水1杯：中性洗剤大さじ2〜3の割合でまぜたもの）を用意し、ウエスを浸して固く絞る。窓ガラスの上から下へ、ウエスを左右に動かしながら拭く。

② 窓ガラスの上部の左端にスクイジーを当て、まっすぐ下ろして水気を切り、スクイジーにたまった水気をウエスで拭く。少しずらした位置から同様に水気を切り、右端まで繰り返す。

窓の最上部の左端から右端へ拭いたら、次は一段下がって右端から左端へ。拭きもれがないようにする。

スクイジーを左右に動かしながら下げるのはコツがいるので、最初は上から下へすべらせるのがおすすめ。

③ 乾いたウエスで残った水気を拭き取る。

④ ぬらしたウエスでガラスの周囲の窓枠の汚れを拭き取る。

⑤ 窓ガラスの内側の掃除も同様に行う。

窓枠の黒い汚れが落ちないなら

窓枠を拭いてもゴムパッキンに残る黒い汚れはカビ。綿棒で塩素系漂白剤をつけてキッチンペーパーをかぶせ、15分ほど置いたらペーパーごとカビを拭き取り、ぬらしたウエスで拭いて漂白剤を落とす。なお、アルミサッシに塩素系漂白剤が付着すると傷む原因となるので注意を。

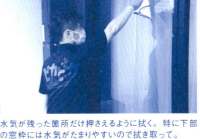

水気が残った箇所だけ押さえるように拭く。特に下部の窓枠には水気がたまりやすいので拭き取って。

基本的には水拭きでOK。汚れが落ちなければ中性洗剤をつけたウエスでこすり、水拭き→から拭き。

ピカピカ ポイント

▶ 曇りの日は窓掃除日和

晴天の日は光の反射で汚れが見えにくくなるので、午前中や曇りの日がベスト。また、白い服を着て窓掃除するとガラスに反射してホコリや汚れが見えにくくなるので、ダークカラーの服がおすすめ。

クリアな窓は、見える景色を変えてくれるはず。新しくいい一日を！

窓サッシ・レール

道具をフル活用して細かい汚れもかき出す！

Before
細い窓のレールは汚れが
たまりやすい場所！

窓のサッシと窓レールは外気やホコリで大変な汚れに。細い隙間まできれいにかき出して。

After
レールの隅まで
スッキリ！
窓の開閉も楽々。

サッシノミやサッシブラシがなければ、イリエツインやマイナスドライバーを使うのもひとつの手。

窓サッシ・レールのお掃除

準備するもの
- サッシブラシ またはミニほうき
- ちり取り
- サッシのみ
- ティッシュペーパー
- マイクロファイバーのウエス1枚
- ゴム手袋

① サッシブラシまたはミニほうきで溝に入り込んだホコリやゴミを掃き出す。

② ちり取りでホコリやゴミを集める。

乾いているうちに掃き出すのが吉。結露などで湿っている場合はドライヤーで乾かしても。

ホコリやゴミが乾燥していたら掃除機で吸い取ってもOK。隙間ノズルがあるなら直接サッシに当てても。

あると便利！

サッシブラシ

サッシ溝の掃除に適した小型のブラシ。細かい隙間に入り込んだゴミをスムーズにかき出せる。100均でも入手可能。

88

❸ サッシノミ（p.45）の先をティッシュ2～3枚でくるみ、水でぬらしてレールに沿わせ、溝の汚れを拭き取る。

❹ 乾いたウエスでサッシの水気を拭き取る。

サッシノミやドライバーのほか、割り箸を利用しても。洗剤を使わなくても水拭きでだいたい落ちる。

ピカピカ ポイント

▶ **サッシのみの代わりにアレが使える！**

サッシのみがなければ、マイナスドライバーの先をぬれティッシュでくるんで汚れ落としに使うのもアリ。

サッシの掃除が終わったら、外側の水切りなど周辺の汚れも水拭きとから拭きできれいにしておこう。

汚れを一気に取るなら

布製のガムテープを隙間なくレールに貼ってはがすと、一気にホコリやゴミが取れて時短に。貼りっぱなしにすると粘着剤が付着する恐れもあるので、すぐにはがすこと。

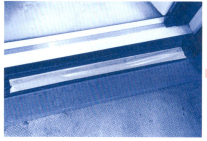

サッシブラシがないときはこんな裏技もアリ。溝の角にぴったり添わせてガムテープを貼るのがコツ。

ゴミが一気にとれてすっきり！　隅に残ったホコリなどはイリエツインでかき出せば完璧。

ベランダ

長年の汚れを落として優雅なベランダライフを！

Before
ベランダは放っておくと荒れ放題！どこから手をつければ！？

まずは枯葉や砂などを掃き掃除して、水洗いや拭き掃除を。

After
ポイントは、室外機、床、壁、排水口。ベランダでくつろごう♪

ウエスは使い古したものを最後にベランダで使っても。

ベランダのお掃除

準備するもの
- リビング用中性洗剤
- ほうき
- ちり取り
- デッキブラシ
- バケツ
- マイクロファイバーのウエス2〜3枚
- ゴム手袋

① ベランダに置いてあるものを移動させ、ほうきでゴミや枯れ葉などを掃き取る。

② バケツで水をくんで床に流し、デッキブラシで土ボコリなどの汚れをこする。

ベランダに落ちているゴミは大きいものも多いので、ほうきでさっと掃くのが早い。

水だけで落ちない汚れは重曹を振りかけてこすっても。重曹の研磨作用で落ちやすくなる。

ピカピカポイント

▶ **水が流せるかを事前にチェック！**

ベランダに排水口があるかを確認。また、マンションの場合、規約によって大量の水を流すのが禁止されていることも。水があまり使えないならデッキブラシでこすらず、ぬらした新聞紙をちぎって床にまき、ホコリや汚れを吸着させてほうきで掃き取るとよい。

❸ 汚れに水をかけて洗い流す。排水口にたまったゴミを取り除く。

❹ ぬらしたウエスに中性洗剤をつけ、室外機や手すり、手すり壁などを拭く。別のウエスをぬらして洗剤を拭き取る。

排水口のカバーが取れるなら外して、トングなどを利用してなるべく奥のゴミまで取り除こう。

あると便利！

デッキブラシ

床はたわしやブラシでこすってもよいが、ベランダが広いとかなり大変。硬いブラシに長い柄がついたデッキブラシがあれば、ラクな姿勢で掃除ができる。

室外機に汚れがたまるとムダな電気代がかかることも。吹き出し口に枯れ葉やクモの巣が詰まっていたら取り除いて。

＜注意！＞
＊室外機の掃除はエアコン本体の電源プラグを抜いてから行うこと。

ピカピカポイント

▶ **ベランダに鳥のフンが落ちていたら**

鳥のフンには病気の原因となる菌が潜んでいることも。掃除する際は必ずマスクや使い捨てのビニール手袋を装着すること。フンに水をかけてやわらかくし、ぬらしたキッチンペーパーで拭き取り、ゴミ袋に捨てる。仕上げにアルコール除菌スプレーなどで消毒する。

手すり壁の汚れがひどいなら

排気ガスの油や泥汚れがたまると、拭き掃除だけでは落ちないことも。そういうときはツインブラシなどに中性洗剤をつけて汚れをこすり落としてから水拭きを。

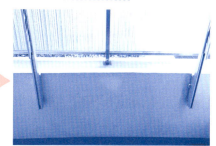

ピンチ！急な来客時の瞬発掃除テク

あと30分でお客さんが来てしまう！ そんなときは、ココだけは押さえよう

気持ちよくお迎えするために

「今から家に行ってもいい？」いきなりそう言われたら、どこから手をつけたらいいだろうか？ 到着までに大掃除はできなくても、ベストだけは尽くしたい。そう思うなら、相手に「気持ちよく家に入ってもらう」ことを考えてみよう。

まず、出迎える玄関。ここがすっきりしていたら、お客さんは気分よく上がることができる。

「手を洗いたい」と言われたら洗面所に案内するだろうし、トイレも行くかもしれない。そこで目が行くのはどこだろう？

そんなふうにお客さんの動線や目線を考えて、ピンポイントで掃除をするだけでも十分。誰も浴槽の水垢は見つけないし、キッチンの換気扇を見たりはしない。落ち着いて、今やれる掃除をやろう。

【ここをチェック！】

洗面所
- □ 鏡が汚れていないか
- □ 排水口が詰まっていないか
- □ 排水口まわりが変色していないか

トイレ
- □ 便座の表が汚れていないか
- □ 便座の裏が汚れていないか
- □ 便器内が汚れていないか

玄関
- □ 玄関にゴミが落ちていないか
- □ 玄関に靴がたくさん出ていないか

リビング
- □ 床に目立つホコリやゴミがないか
- □ 床に髪の毛が散らばっていないか

来客前のお掃除 30分コース

洗面所

1. 鏡についた汚れを水でぬらしたウエスでこすり落とす。
2. 排水栓を取り出し、髪の毛やゴミを取り除く。弱酸性洗剤をつけたナイロン不織布たわしで排水口のまわりの黄ばみをこすり落とし、水ですすぐ。
3. タオル類をきれいなものに替える。

トイレ

1. 便座の表と裏をトイレ用掃除シートで拭く。
2. 便器内にまんべんなく酸性洗剤をかけ、底〜内側の汚れをトイレブラシでこすり落とし、水を流す。

玄関

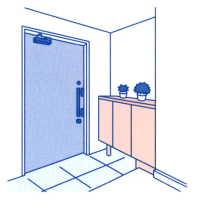

1. 目立つゴミやホコリを拾う。
2. 玄関に出ている靴を靴箱にしまう。

リビング

1. フローリングモップで床に落ちたホコリやゴミ、髪の毛を取る。

最後まで読んでいただきまして
ありがとうございます。

芸人時代からゴミ拾いが好きでした。
きれいになっていく過程や
きれいになったのを見るのも好きでした。
今、清掃業というお仕事をやらせていただき、
日々いろいろな場所に行かせていただいて
たくさんの出会いがあります。

そのなかで
「掃除のやり方を教えてください！」という言葉を、
お客さまから多数いただくようになりました。
そういった声からこの本は始まりました。
すべてのご縁に感謝いたします。

この本ではすべての清掃について
ご紹介できておりませんが、
業者の掃除方法をもとに、
ご家庭で実践しやすいよう
ご紹介させていただきました。

少しでも楽しく清掃と
向き合っていただくこと、
そしてピカピカな毎日を
お過ごしいただくこと、
それが僕にとって
この上ない喜びです。

入江慎也

入江慎也（いりえ・しんや）

株式会社ピカピカ代表取締役。1997年に高校の同級生だった矢部太郎とお笑いコンビ・カラテカを結成。23年にわたり、お笑い芸人として活動。2020年7月に株式会社ピカピカを設立し、同社の代表取締役を務める。スタッフとともに自身も清掃業務に従事、現在は東京本店のほかに大阪、千葉、神奈川にも店舗を拡大。清掃会社のほか、コンサルティング事業を行う会社も経営。

入江慎也インスタグラム　@oreirie0408
清掃会社ピカピカインスタグラム　@pikapika_group
清掃会社ピカピカHP　https://pikapika.co.jp

STAFF

ブックデザイン／足立菜央（アトムスタジオ）
撮影／柴田和宣（主婦の友社）
本文・カバーイラスト／松尾陽介（株式会社OMATSURI）
コラム・p.20.38.60.72 イラスト／平松 慶
取材・文／野田りえ
進行アシスタント／川名優花
撮影アシスタント／比嘉辰仁　三浦孝太（株式会社ピカピカ）
編集担当／中野桜子
編集デスク／町野慶美（主婦の友社）

Special thanks!
W. H.
光成匡弘
ピカピカロゴデザイン
宮田崇之

汚部屋がピカピカになると世界が変わる! 業者の㊙家そうじ

2021年11月30日　第1刷発行

著　者　入江慎也
発行者　平野健一
発行所　株式会社主婦の友社
　　　　〒141-0021 東京都品川区上大崎3-1-1
　　　　目黒セントラルスクエア
　　　　電話 03-5280-7537（編集）
　　　　　　 03-5280-7551（販売）
印刷所　大日本印刷株式会社

©Shinya Irie 2021 Printed in Japan
ISBN978-4-07- 449935-9

Ⓡ〈日本複製権センター委託出版物〉
本書を無断で複写複製（電子化を含む）することは、著作権法上の例外を除き、禁じられています。本書をコピーされる場合は、事前に公益社団法人日本複製権センター（JRRC）の許諾を受けてください。また本書を代行業者等の第三者に依頼してスキャンやデジタル化することは、たとえ個人や家庭内での利用であっても一切認められておりません。
JRRC〈https://jrrc.or.jp
eメール:jrrc_info@jrrc.or.jp　電話:03-6809-1281〉

■本書の内容に関するお問い合わせ、また、印刷・製本など製造上の不良がございましたら、主婦の友社（電話03-5280-7537）にご連絡ください。
■主婦の友社が発行する書籍・ムックのご注文は、お近くの書店か主婦の友社コールセンター（電話0120-916-892）まで。
※お問い合わせ受付時間　月〜金（祝日を除く）9:30〜17:30
主婦の友社ホームページhttps://shufunotomo.co.jp/